Winfried Hammelmann

SATIREN

Carl Schünemann Verlag Bremen

Impressum

© by Carl Ed. Schünemann KG, Bremen
www.schuenemann-verlag.de
Nachdruck sowie jede Form der elektronischen Nutzung
– auch auszugsweise – nur mit Genehmigung des Verlages.

Satz- und Buchgestaltung: Schünemann Verlag
Produktion: Druckerei Asendorf, Bremen
Umschlagfoto: Jörg Landsberg
Printed in Germany 2008

ISBN 978-3-7961-1900-2

Inhalt

Alles Müll	6
Athen sehen und sterben	10
Taschengeld-Tarifverhandlungen	14
Hausgrillen	17
Urlaubsgrüße von daheim	21
Schnittstellen-Symposium	24
Tagebuchaufzeichnungen	37
Freie Fahrt für freie Verkehrsminister	43
Camping	46
Der Fußmatten-Krieg	50
Protokoll einer Radiomoderation	56
Der Pollenvernichtungsclub	60
Die Tee-ologie des E. Bünting von Fixlipton	63
Marathon Pipapo: Offener Brief an einen (Sports-)Freund	66
Katalogchaos	70
Ökopitalismus	73
Verwandt schafft	77
BerBuBö	81
FaFaFo	84
Zunehmend abnehmen	88
Service-Taxi	91
Witz-Mobbing	94
Renovieren, öko und selbst	98
Haarige Grauzonen	101
Urlaubsnotizen	104
Meister des Schatzes	107

Inhalt

Na, wo brennt's denn? 110
SMS, T.N.T.: GMMA 114
Das Gelbe vom Osterei 118
I bäh eBay 121
Nordisch angeklettet 125
(M)ein Haus im Süden 129
Hire & Fire & Higher 133
Gähnmanipuliertes Sonein 137
Engelschutz 141
30 Jahre Www 144
Schleimer vs. Speichellecker 147
Das WM-Loch 151
Baggerseeluft 154
Den Sparstrumpf auf die hohe Kante legen 157
Eine milde (Organ-)Spende 161
Der König ist Kunde 164
Betriebsfeier, die (männl.) 167
Meine Torte ist aus 171
Immer Ärger mit der Post 176
Reklame Reklamation 180
Tur(o)urismus 182
Nachbarliches Unwesen 186
Schnarchen wie ein Neandertaler 190
Gegendarstellung 193
Über den Autor 198

 **Alles Müll**

Ich hatte einen Traum. Einen Garbage Dream. Er begann damit, dass mir eine dritte Mülltonne zugewiesen wurde, für Pappe und Papier.

Sie war noch nicht voll, da gesellte sich eine vierte dazu, die gelbe Tonne, die den gelben Sack ablösen sollte, jetzt aber dafür da ist, dass man gelbe Säcke hineinstopft.

Da wir im Auto, im Wohnzimmer und in der Garage immer schon kleine wiederverwertbare Plastiktüten sammeln – genannt weiße Säcke, weil sie oft weiß sind – stecke ich jetzt Beutelchen in große Tüten, diese Kaufhaustüten in gelbe Säcke, die ich in die gelbe Tonne trete ... äh ... werfe.

Ich ertappe mich bei der Frage: Sind die großen braunen, schwarzen und blau-schwarzen Mülltonnen selbst eigentlich recyclebar?

Könnte ich – wenn der Reststoffbehälter kaputtginge – diesen in einen gelben Sack stopfen?

Gibt es gelbe Säcke in Übergröße?

Am nächsten Tag wird uns ein Glascontainer vor die Tür gestellt, direkt vor die Tür, so unsanft, dass mehrere Türglasfensterchen Schaden nehmen. Ich bin fast froh, dass der spezielle Scherbenbehälter ganz in der Nähe steht.

Zwei Tage später beschließt die Stadt, Müll noch getrennter zu trennen als bislang.

Wenige Wochen später wird die blau-schwarze Tonne abgeholt.

Ein monströser LKW mit einer eigenwilligen Hinterklappe schluckt die Papier- und Pappetonnen und zerkleinert sie.

Minuten später spuckt dieses Ungetüm auf vier Rädern zwei kleine blau-schwarze Tonnen aus.

Auf der ersten steht Pappe, auf der zweiten Papier.

Zwölf Stunden später wird noch eine dritte artverwandte Plastikbox hinzugestellt, speziell für Geschenkpapier.

Die blau-schwarze Tonne 1, kurz bsT1, wird jeden Mittwoch gelehrt, bsT2 an jedem dritten Freitag, und bsT3 am fünften jedes Monats, wenn dieser auf einen Dienstag fällt.

Kaum hatte ich diese Abholzeiten gelernt, da wurde die Biomülltonne ersetzt durch sieben dynamische Ökobehälter, in den Farben Lila, Rosa, Türkis, Dunkelrot, Hellrot, Mittelrot und Orange.

Gedacht für 1. Garten-Restmüll, 2. Gartenmüll, der eventuell wieder zur Blüte kommt, 3. Erde ...

Aus der Zeitung erfahre ich, dass die Restmülltonne in wenigen Stunden ebenfalls ersetzt wird.

Wo war ich stehen geblieben? Ach so: 4. Obst,
5. Gemüse, 6. sonstige Speisereste, 7. Kleinholz.
Ein Müll-Multifunktionskraftfahrzeug leert nicht nur eine der bunten Tonnen, sondern – immer donnerstags – gleich fünf auf einmal!
Lediglich Gartenrestmüll (lila) darf man selbst zur Deponie fahren, immer jeden 7. Dienstag in den Sommer- und Winterwochen.
Ach, und Kleinholz (orange) wird von denselben Leuten und mit denselben Wagen abgeholt, die Briefe und Postkarten befördern.
Neun Monate nach Tonne vier (gelb) bauen wir unser Kinderzimmer um in ein Müllzwischenlager, das passende, sehr individuelle Regal Smellmöff haben wir sehr günstig in einem Möbelhaus erworben.
Hier finden auch die schick designten Restmüllbehälter ihren Platz.
Um sie nicht mit den anderen zu verwechseln, geben wir ihnen Namen:
Antje, Gertrud, Karl-Heinz, Torben und die fünfte Teil-Restmülltonne wollten wir Flip-Flop nennen.
Leider wird der Name von dem für Mülltonnennamen zuständigen Standesbeamten nicht genehmigt, sodass wir auf Elberjenny ausweichen.

Der Raum – von uns liebevoll Garbage Garage genannt – ist an einen Computer angeschlossen, der uns allabendlich darüber informiert, welche der 117 Tonnen, Säcke, Kanister, Container und Vitrinen wann an der Straße auf welcher Gehwegplatte stehen oder zu welcher Spezialdeponie gebracht werden müssen. Als ich aus Versehen Kartoffelschalen in die Obsttonne (dunkelrot) schmeiße, ertönt eine nervtötende Sirene, die sämtlichen bundesrepublikanischen Müllentsorgungsbetrieben und deren Geschäftspartnern signalisiert, dass Müll der Familie Hammelmann in Bremen-Horn erst wieder im November abgeholt wird. November nächsten Jahres.

Athen sehen und sterben

Wieso ich die Studienreise nach Athen mitgemacht habe? Hat mir mein Onkel geschenkt. ›Der Geizhals‹, dachte ich.
Na ja, ich hatte nur gelesen drei Tage Athen und glaubte, das muss so 'ne 199 Euro Tour sein:
34 Stunden hin, 34 Stunden zurück und dazwischen vier Stunden Erholung in der griechischen Sonne.
War aber ganz anders ... und teurer, wenn ich es hätte bezahlen müssen.
Ich sag' nur: Studienreise.
Was für die Bildung ... Einbildung.
Aber sogar ich hab' was gelernt, zwangsläufig: Zum Beispiel ... ähm ... also Athen hat gar keinen Strand ... und auf der Akropolis gibt's keine McDonalds-Filiale, und die alten Griechen lebten früher, also als Sokrates, Aristoteles und Arthritis noch vor sich hin dachten, ja, da lebten die in primitiven Steinhütten, ja, als unsere Vorfahren schon Lehmbungalows bewohnten.
Ja, jetzt weiß ich das blödsinnigerweise alles. Weil mein Onkel für mich Kultur pur gebucht hat.
Dabei dachte ich erst. Kurzer Sonnentrip, Retsina, Giros, Souflaki und mal was angucken. Und dann steig' ich in Athen in den Bus mit der Aufschrift »Antike reisen«.

Tatsächlich waren alle anderen Mitreisenden antik.
Wenn das nicht die Wirklichkeit gewesen wäre, sondern ein Film, hätte ich ihm den Titel »Allein unter Studienräten« gegeben.
Ein Streifen, so interessant wie eine leere Flasche Buttermilch.
Lauter graue und glatzköpfige Damen und Herren mit Kunstreiseführern, Wissensdurst und einer Euphorie
... also dagegen sind die harten Robbie Williams-Fans schlaffe Weicheier.
Nach kurzer, sehr kurzer Zeit kannte ich alle 23 Schlaumeier und Schlaumeierinnen:
Links neben mir Gerda, 53, glücklich geschieden, Krampfadern. Vor mir Hanns mit Doppel ›N‹ und Doppelkinn, 64, Goethe-Kenner mit Rückenleiden. Rechts Hans Joachim, 73, schnitzt gerne und hat ein Holzbein.
Hinter mir Marie-Louise und Stefan, zusammen 151, beide ehemalige Mathelehrer mit zwei hoch zwei Kindern und zwei hoch drei Enkeln, beide haben's mit dem Magen und mit dem ... (PUPS), sind aber Meister im Entschuldigen.
Ich hab' mich gefragt, warum die Leute diese Strapazen auf sich nehmen. Gucken sie sich die alten Steine an, um schon mal zu sehen, wie die Ewigkeit aussehen könnte?

Sind sie auf der Suche nach dem Sinn des Lebens?
Und wenn ja, warum sollte der ausgerechnet in einem klimatisierten griechischen Bus im Stau zu finden sein? Oder is' das alles nur Angeberei? Nach Hause kommen und den Freunden Dias und Videos zeigen und schlaue Sprüche machen, hinter denen nichts anderes steht als: »Ich weiß man was, was Du nich' weißt.«
Die Alten werden ja wie Kinder.
Ach so! Sie wollen wissen, warum ich die Oberschlauen nicht gefragt habe?
Hab' ich ja! Aber: Hören sie sich doch mal die Antworten an:

Herbert: »Weil's mir Spaß macht.«
Tock tock! Sex im Alter macht vielleicht Spaß, aber alte Häuser und Mauern fotografieren?
Johanna: »Ich wollte das alles noch mal sehen, bevor ich sterbe.«
Ich sag' mal: Sie würde wahrscheinlich länger leben, wenn sie solche Studienreisen nicht mitmachen würde.

10 Uhr Akropolis
11 Uhr Syntakma Platz
12 Uhr Omonia Platz
13 Uhr Nationalpark

14 Uhr Agora
15 Uhr Stadion
16 Uhr Friedhof

Dann sind sie aber am Ende!
Und immer rein in den Bus, raus aus dem Bus.
25 Grad. 52 Grad.
21 Uhr 30 geballte Freizeit bis ...
22 Uhr in der Plaka, das is' die Altstadt von Athen. Ey, ich hab' was gelernt.
Apropos Plaka: eine einzige Plakastrophe, ... (grübel) Plakarei kommt ja, glaube ich, aus dem Griechischen.
Tja, und in dieser Altstadt is' mir von meinen Multi-Kulti-Studienräten der Kurzurlaub endgültig vermiest worden:
Die Oberstudis Gerd und Gisela, 60 und 61, kinderlos und tierlieb, Fußpilz und Blasenschwäche, erklären mir, dass Akropolis ›Obere Stadt‹ heißt oder ›Oberstadt‹.
›Akro = Ober‹, dachte ich, und dann rief ich, um drei Ouzo zu bestellen, lauthals. »Akro, Akro.«
Und da haben die mich voll ausgelacht. Blödis

Taschengeld-Tarifverhandlungen

Hätten wir unserer Tochter bloß nicht erklärt, was ein Streik ist.
Wie wir das angestellt haben? Ziemlich unüberlegt. Erstmal habe ich versucht, ihr zu verdeutlichen, was Arbeitnehmer und Arbeitgeber sind. Danach frage ich, ob sie's verstanden hat, worauf sie ohne Umschweife erklärt, dass mein Chef der Arbeitnehmer ist, genauso wie ihr Lehrer, der die Arbeit mit nach Hause NIMMT, und ich der Arbeitgeber bin, weil ich meinem Chef die Arbeit GEBE. So'n Quatsch!
Also holen meine Frau und ich das verstaubte Kasperletheater aus dem Keller, und es kommt zur Uraufführung des Puppenspiels: Kasper und die sieben Tarifverhandlungen.
Und was sagt Katharina hinterher? Bitte? Zugabe? Nein! Sie fragt uns, warum wir das nicht gleich gesagt haben.
Und dann! Beim Abendessen fordert dieses Kind plötzlich 10% Taschengelderhöhung, wenigstens aber zehn Euro mehr. Wir haben ihr natürlich erklärt, dass sie doch erst im vergangenen Jahr fünf Euro zusätzlich bekommen hat.

Wie soll ich sagen? Die Verhandlungen werden nach wenigen Minuten ergebnislos abgebrochen.

Bei der nächsten Gesprächsrunde – noch am selben Abend – legt uns die Kleine einen mit Buntstiften ausgearbeiteten Forderungskatalog vor. Was draufsteht? Mehr Geld, mehr Spielzeug im Einkaufswagen bei den blöden Samstagseinkäufen und ein 13. Monatsgeld. Weiß ich auch nicht, wo sie das her hat.

Jedenfalls: Bei den letzten Forderungen – wie sagen die immer im Fernsehen? – kommt es zu Annäherungen: Wir können ihr schnell klarmachen, dass eine 35-Minuten-Stunde kaum zu bewerkstelligen ist und dass sie ihre Forderung nach einem zusätzlichen Dezember-Geld direkt mit dem Weihnachtsmann aushandeln muss.

Regina und ich bieten fünf Euro und die einmalige Zahlung einer Riesenportion Spaghetti-Eis.

Und was möchte unsere Tochter? Eine Jahreskarte für's Schwimmbad. Da haben WIR die Verhandlungen platzen lassen.

Am nächsten Tag haben wir andere Sorgen. Die Kleine kommt nicht von der Schule nach Hause. Dann endlich klingelt das Telefon. Am anderen Ende ist Gewerkschafterin Katharina, die uns unterbreitet, sie werde erst wieder zurückkommen, wenn wir nicht mehr so doof sind.

Und dann denk' ich: Jetzt musst du diplomatisch vorgehen und sage: »Wie wär's mit fünf Euro 30.« – Hat die doch einfach eingehängt! Wie kann man Tarifverhandlungen derart abrupt abbrechen?

Drei Stunden und elf Telefonate später haben wir unser Kind wieder an der Strippe und können sie mit Wackelpudding überreden, den Warnstreik zu unterbrechen und nach Hause zu kommen.

Nach heftigen Debatten kommt es zum Ende des Tarifstreits: zwölfeinhalb Monatsgelder, 50 % mehr Süßigkeiten bei Familieneinkäufen im Samstagsgedränge, Taschengeld-Sonderzulage im Krankheitsfall, (also wenn sie krank wird, aber auch wenn wir krank werden. Keine Ahnung, wie sie das angestellt hat.) und eine monatliche Erhöhung um acht Euro, rückwirkend zum 1. Mai.

Klar wussten wir Taschengeld-GEBER, dass es darauf hinausläuft.

Mit einem solchen Ergebnis konnte Katharina kaum rechnen, denken wir. Bis wir erfahren, dass dieses für sie unbezahlbare, dicke Pferdebuch exakt so viel Euro kostet, wie wir ihr – tariflich vereinbart – noch nachzahlen müssen.

 **Hausgrillen**

Gestern haben wir das erste Mal in diesem Jahr gegrillt: Eine Schicht Grillanzünder, eine Schicht Papierkügelchen und darüber einen Kohlehaufen.

Da die Kohle sich weigert zu glühen, gebe ich noch einen ordentlichen Schuss Spiritus hinzu, worauf eine Stichflamme die Wäscheleine teilt und drei Socken die noch rohen Fleischwaren schmücken.

Sonst passiert kaum etwas, die Haare im Gesicht störten mich ohnehin. Immerhin: Wir können anfangen. Ob nun die Gitterstäbe einen zu großen Abstand haben oder die Rossbratwürste zu klein sind, sei dahingestellt. Jedenfalls entwickeln sie zusammen mit der Kohle eine beachtliche Hitze, sodass ich gleich die nächsten Würste – diesmal im rechten Winkel zum Gittermuster – auflegen kann.

Und dann, meine Tochter ist gerade zur Toilette, meine Frau bereitet die Steaks, die ich vorbereitet hatte, nach, klingelt das Telefon.

Ich rein in die Wohnung. Falsch verbunden. Schnell wieder raus. Aber der Nachbarshund, dieser verdammte Köter – sonst bin ich ja tierlieb – schnappt sich die dickste Wurst. Ich hab's genau gesehen!

Nein, der frisst die nicht. Der apportiert sie, bringt sie seinem Herrchen. »Wie der das wohl angestellt hat?«, fragt mich Anne, die mit ihrer Familie unter uns wohnt. Spontan lade ich sie zu einem Kotelett ein, wo drei satt werden, werden auch vier ... ach, Wolfgang kommt auch, fünf, Annika, sechs, und die Zwillinge, werden auch acht satt, wenigstens drei Achtel.
Neidische Nachbarn, die mir erklären, ich müsse den Grill tiefer, höher oder sogar mittlerer stellen, halten mich dermaßen auf Trab, dass ich vergesse, Kohle nachzulegen.
Genau in diesem Moment erinnere ich mich an das elterliche Grillen und an meines Vaters unromantische Worte: »Hol' doch mal den Fön.«
Die vier Kinder glauben, eine bessere Idee zu haben, richten die aus einer Luftmatratze strömende Luft auf das Feuer und erfreuen sich an der Asche in meinem Gesicht.
Normalerweise reicht ein dreibeiniger 9,95-Grill, denn die Wahrscheinlichkeit, dass ein Bein wegbricht, ist sehr gering. Es trifft vielleicht eins von 1.000 Geräten. Unseres!
Blitzschnell greife ich ein. Gleichzeitig aber, noch bevor der Schmerz einsetzt, kommt mir der Gedanke, dass ich seit Jahren nichts Schwachsinnigeres getan habe, als

einen glühend heißen Grill mit der Hand abzufangen. Auch das Anfeuern der interessiert herumstehenden Kinder und die von ihnen naiv formulierte Hoffnung, ich könne auf diese Weise bestimmt ins Guinessbuch der Rekorde kommen, hält mich nicht davon ab, dieses höllisch heiße Gerät loszulassen.

Just in dieser Sekunde wird mir bewusst, weshalb mein Vater damals sagte: »Junge, grille nie barfuß.«

Lieber Gott, ich weiß, man soll glühende Kohlen auf seinem Haupt sammeln, aber bitte sage mir, wo steht geschrieben, dass auch Füße dafür geeignet sind?

Mit Wut im Bauch und Glut auf dem Fuß erblicke ich Torsten und Tanja, die frisch vermählten Salatfanatiker, die links oben wohnen. Regen sich über den permanenten Fleischgeruch auf.

Hab' ich gesagt: »So hoch ist der Fleischanteil in einem Schweineschnitzel ja auch nicht.« Aber die verstehen keinen Spaß.

Derweil haben die Kinder Fleisch und Wurst mit Hilfe eines Gartenschlauchs abgekühlt. Das wäre nicht nötig gewesen, denn nun beginnt es zu regnen.

Noch während wir das aufgeweichte Toastbrot in die Bouletten kneten, kommt uns die rettende Idee, nebenan in den Balkan-Grill zu gehen.

Aber es ist wohl nicht unser Tag. Nachdem wir bereits Ketchup, Majo und Curry bestellt haben, erklärt uns der Wirt, er weigere sich, unser halbgares Fleisch weiterzugrillen. Frechheit!

Urlaubsgrüße von daheim

Hallo Ihr Lieben!
In Eurer Wohnung habe ich mich gut eingelebt. Ihr könnt also in Ruhe Euren Sauerland-Urlaub genießen. Um den Garten zu bewässern, führe ich den Schlauch über die Küche durch den Flur und das Treppenhaus zum Rasen. Das erscheint mir der kürzeste Weg.
Dadurch trage ich zwar 'ne Menge Erde in die Wohnung, dafür sprießen jetzt aber herrliche Sonnenblumen im Wohnzimmer.
Damit Ihr die prächtige Flora auch erleben könnt, habe ich mich dazu entschlossen, die neuen Stubenpflanzen ebenfalls regelmäßig zu gießen.
Wo noch keine Blumen wachsen, laufe ich barfuß über die durchtränkte Erde. Das soll ja gesund sein.
Gesünder ist allerdings wattwandern.
Deshalb bin ich vorgestern an die Nordsee gefahren und habe nach langer Diskussion mit einem Einheimischen 200 Kilo Watt mitnehmen dürfen, unter der Bedingung, dass ich Eure Wohnung unter Naturschutz stellen lasse.
Gestern Morgen hatte ich vergessen, den Schlauch abzustellen, bevor ich ausgiebig durch die Stadt bummelte. Offensichtlich hatte ich den Strahl zu hart eingestellt,

denn als ich wieder zurück war, tänzelte er immer noch wie eine Schlange im Wohnungswasser.

Zu dem Paula Modersohn-Becker-Bild passten die Erdspritzer ja noch ganz gut, aber auf dem Salvador Dalì-Gemälde wirkten Wasser- und Dreckflecken doch etwas verloren.

Aber Ihr könnt Euch beruhigen. Ich habe sofort ein Handtuch und ein phosphatfreies Scheuermittel zur Hand genommen und die beiden Bilder gründlich abgewischt.

Das bunte Handtuch ist wohl nicht mehr zu gebrauchen, aber die Leinwände sind wie neu.

Jetzt kannst Du, Regina, erst mal diese zum Bemalen benutzen.

Nachdem ich die bewässerte Stereoanlage in den vorgeheizten Ofen gestellt hatte, hab' ich mir ein saftiges Steak gebraten.

Ich wollte es mir auf einem der drei großen Rosenthal-Teller servieren, die im Wohnzimmer an der Wand hingen.

Beim Abnehmen des ersten lockerte sich der zweite Teller, sodass ich den ersten vor Schreck auf den Setzkasten fallen ließ, der fast gleichzeitig mit Teller eins zu Boden ging.

Als Teller drei unglücklich von zwei getroffen wurde, konzentrierte ich mich auf ihn. Zwei zerstörte die auf dem Tisch stehenden Vasen eins bis vier, nicht ohne die brennende Kerze umzuwerfen.
Letztere brachte neben der Sesselgarnitur auch die Gardinen zum Brennen, und es wurde für einen Moment sehr heiß im Zimmer.
Wie ist eigentlich das Wetter bei Euch?
Der Schlauch war jedenfalls schnell zur Hand.
Nur den Vorhang ließ ich in Flammen stehen.
(Hoffentlich ist das Foto was geworden.)
Ich wollte gerade anfangen, die schwarzen Tapeten zu weißen, und da passiert doch noch ein kleines Unglück: Ich stolperte über den großen Farbeimer, donnerte gegen die hohe Vitrine und veranlasste die oben stehende blumengefüllte Glasvase, mir entgegenzukommen.
Sonst ist hier – wie gesagt – alles in Ordnung.
Warum Küche und Bad jetzt ein Zimmer sind, und warum Horst und Nathalie jetzt über Euer Gästezimmer in ihre Wohnung gehen müssen, das erzähle ich Euch, wenn Ihr Ende Oktober wieder nach Hause kommt.

Liebe Grüße,
Euer Winfried

Schnittstellen-Symposium

Zehn Jahre Qualitätsmanagement in den kommunalen Krankenhäusern in Bremen

Da bekomme ich doch neulich Post vom Senator für Arbeit, Frauen, Gesundheit, Jugend und Soziales und denke als Erstes:
Warum ist sie nicht auch noch Senatorin für Inneres, Sport, Bau, Umwelt, Verkehr Justiz, Wirtschaft und Häfen?
Als Zweites denke ich: Wieso bekomme ich Post vom Senator für Arbeit, Frauen, Gesundheit, Jugend und Soziales?
Als Drittes denke ich: Geh' einfach nach dem Ausschlussprinzip vor:
Arbeit hab' ich, eine Frau auch, wir sind beide sozial, engagieren uns für die Jugend, für einige Jugendliche ... für unsere Tochter.
Bleibt nur noch Gesundheit.
GESUNDHEIT! RICHTIG!
Da bin ich ja eingeladen. Oder ausgeladen, schon wieder ausgeladen.
Noch mal den Umschlag angucken.

Ich werde nervös. Ich werde nervös.
Was mach ich nur, was mach ich nur?
Ich muss mich konzentrieren.
Ich muss mich konzentrieren und nicht alles doppelt denken denken.
Was sollte ich denn da machen?
Ach ja, Ärzte, ganz viele Ärzte sind geladen ...
Möglicherweise sind sie weniger geladen, wenn ich nicht komme?! Genau: Ich werd' einfach krank.
Nee, das kommt nicht gut. Gerade bei Ärzten.
Vielleicht sollte ich den Umschlag einfach mal öffnen:
QM-Symposium ... Qualitätsmanagement ... Orientierung, Prozess, Struktur ...
Mir verschwimmt alles vor Augen:
Erlebnisqualität unserer Kurdinnen und Kurden, Knoff-Hoff-Schwerpunkte, Chase-Manhatthan-Systems ...
Ich versteh' das alles nicht! Ich nehme meine Augentropfen und lese:
Ergebnisqualität unserer Kundinnen und Kunden, Know-How-Schwerpunkte, Casemanagement-Systems.
Ich versteh' das alles nicht!
Mir wird schwindelig und ich denke:
Mir wird schwindelig.
Wie konnte ich so einen Auftrag annehmen?

Ich habe genau drei Möglichkeiten:
Entweder bekomme ich jetzt
a) einen Tobsuchtsanfall
b) einen Ohnmachtsanfall
oder c) ich fall einfach um – in der Hoffnung,
dass sich das Problem danach irgendwie löst.
Ich entscheide mich für c).
Ich wippe auf den Zehen, beuge mich nach vorne wie ein Skispringer, aber ohne Skier, ohne Skistiefel, ohne Skibrille, aber mit Pudelmütze. Die Arme sind hinter dem Rücken verschränkt, in der Hand halte ich ein Glas, gefüllt mit heißem Latte Macchiato.
Das klingt jetzt nicht normal. Ist es ja auch nicht: Die Pudelmütze setze ich gewöhnlich nicht auf.
Sie finden das verrückt. Verrückter als vor laufender Kamera Känguruhoden zu essen?
Verrückter als während einer Herz-OP Hunger auf Leber mit Zwiebeln und Kartoffelpüree zu bekommen?
Verrückter als im Behandlungszimmer eine Art Schleuder-Golf zu spielen mit einem Stethoskop und einem Kunststoffauge, das seinen Flug abrupt beendet, weil in der Tür unerwartet der nächste Patient steht, der mit einem dritten Auge – und zwar im Mund – physisch überfordert ist und das kugelige Etwas nach einem fünfzehnsekündigen Erstickungspogo ausspuckt, und

zwar Richtung Arzthelferin, die das Ding an den Kopf kriegt, kurzfristig ohnmächtig, langfristig aber von ihrer Migräne befreit ist.

Wo war ich eigentlich stehen gelieben?

Ach ja, in der Skihaltung. Das mach' ich nur, weil ich darauf hoffe, dass ungewöhnliche Maßnahmen zu ungewöhnlichen Erlebnissen ... Ergebnissen führen.

Ich will mir nicht wirklich Schmerzen zufügen.

Und dann ging alles plötzlich ganz schnell:

Meine Frau öffnet die Bürotür, stößt versehentlich an meine Füße, unsere Katze springt auf meinen Rücken, ich trenne mich vom Latte Macchiato und von dem Gedanken, dass es nicht weh tun wird.

Im Hintergrund ruft meine Tochter: »TIMBER«.

Von mir hat sie das BUMM.

Das erste Mal werde ich im Krankenwagen wieder wach, aber nur kurz.

Das zweite Mal werde ich auf einer Liege wieder wach, etwas länger. So lange, dass ich mir Gedanken machen kann über den Unterschied zwischen einer Trage und einer Bahre.

Das eine ist für Tote, das andere für Untote. Aber was ist was?

Trage ... Bahre ... Trage ist für Lebendige, Bahre für Leblose, glaube ich.

Wenn jemand, der auf einer Trage getragen wird, während des Tragens stirbt, wird dann aus der Trage während des Tragens eine Bahre?
Wird man durch den Hirntod nicht mehr getragen, sondern gebahrt, ist man plötzlich untragbar aber Barbar?
Das dritte Mal wache ich auf in einem Dreibettzimmer.
Die meisten Betten belege ich.
Bett 1 mit meinem Körper, Bett 2 mit meinem Schlafanzug und meinem Bademantel.
Ich starre auf diesen einen schönen bordeauxroten, golden gepunkteten Seidenschlafanzug, der jahrlang originalverpackt im Schrank lag, und nur darauf wartete zum Einsatz zu kommen. Er war dafür gedacht, gekauft, geschont.
Aber die Tatsache, dass ich ihn dort liegen seh' …
Ich bin nackt!
Aber immerhin. Ich bin allein.
Eine Krankenschwester öffnet die Tür.
Warum kein Krankenpfleger?
Verlegen versuche ich, das Nötigste zu bedecken.
Aber meine Hände reichen nicht aus …
… für meinen Bauch.
OUH. Mir tun alle Knochen weh. Und der Schädel.
Der Arm. Meine Nase.
Die Rippen. Und der Rücken brennt.

Gedankenverloren schaue ich aus dem Fenster.
Dann fällt mir alles wieder ein:
Ich liege nackt vor einer angezogenen Krankenschwester und sage leidend, wie es nur Männer können: »Mein ... mein Schlafanzug.«
Schwester Tina antwortet: »Das soll auch ihr Schlafanzug bleiben«, und verlässt das Zimmer, nicht ohne mich darauf aufmerksam zu machen, dass ich ankreuzen soll, welches Essen ich haben möchte.
Mühsam krieche ich aus dem Bett, und noch bevor ich mein Schlafzeug übersteifen kann, ist ein Patient für Bett 3 im Zimmer.
Warum bin ich kein Privatpatient, sondern ein öffentlich-rechtlicher?
Ich habe nichts gegen ältere Leute, schließlich gehöre ich selbst auch zu dieser Gruppe Menschen, jedenfalls aus Sicht meiner Tochter, und DAS seit 20 Jahren.
Ich beobachte diesen Mann.
Er schnarcht: Na gut.
Er sabbert: Na gut.
Er macht anzügliche Bemerkungen und primitive widerliche Witze in Gegenwart des weiblichen Krankenhauspersonals: Gut.
Aber er raucht Zigarre. Nicht schön.
Er ist immer schlecht gelaunt. Nicht schön.

Er ist nachtaktiv. Auch nicht schön.
Er isst immer Eierbrötchen. Erst recht nicht schön.
Er macht nachts in die Hose ... in MEINE Hose.
Gar nicht gut.
Vor allem aber will er einfach nicht fernsehen,
behauptet sogar, er sei TV-allergisch.
Da krieg' ich Pickel und frage mich: Nach welchen Kriterien werden Patienten gemeinsam in ein Zimmer gesteckt?
Weil sie sich so ähnlich sind?
Weil sie nichts gemein haben?
Weil ein ähnliches Krankenbild vorliegt?
Weil kein ähnliches Krankenbild vorliegt?
Weil es ausdiskutiert wurde?
Weil es ausgetüftelt wurde?
Weil es ausgewürfelt wurde?

Nun, falls Sie wissen wollen, in welchem Krankenhaus das alles passiert ist:
Ich kann's ihnen zu diesem Zeitpunkt nicht sagen, es wird mir nicht mitgeteilt. Vermutlich weil man den Patienten nicht mit unnötigem Wissen belasten möchte.

Morgen 1: Bekomme zwei Brötchen, Konfitüre u. Käse,
         hatte aber Schwarzbrot und Wurst bestellt.

Morgen 2: Bekomme zwei Brötchen, Konfitüre u. Käse,
hatte aber Schwarzbrot und Wurst bestellt.
Morgen 3: Bekomme Schwarzbrot mit Konfitüre
und Käse.
Morgen 4: Bekomme Schwarzbrot und Wurst
und Brötchen und Konfitüre und Käse
und Bauchweh.
Selbst Schuld. Is' aber lecker.
Mittags: Immer alles wunderbar. Die Karte liest sich
besser als die der meisten Restaurants, die
wir kennen.

Das Essen ist prima. Ich lade Frau und Tochter EIN und große Teile der Verwandtschaft ... und wieder AUS ... bin wohl wieder zu weit gegangen.

Dann bekomme ich meinen PaKopaPa, Patienten-Kompass-Pass.

Ich werde systematisch in alle Kliniken geschickt:
Nennen wir sie der Einfachheit halber, Süd, Nord, Ost, West, kurz: S, N O, W, noch kürzer: snow ... oder nee, A, B, C, D.

Klinikum A bescheinigt mir ein Polytrauma, EINS!
Ts. Ich bleibe dabei, dass ich MEHRERE schwere Verletzungen habe.

Mit einem Shuttle-Service werde ich vom Klinikum A zum Klinikum C geschickt, weil die dort auf Kopfunter-

suchungen spezialisiert sind, Kernspintomographie
und so.
Von C wieder zu A, von A zu D. Dort kennt man sich
mit Verbrennungen sehr gut aus, vor allem mit kochend
heißem Kaffee auf Rücken- und Schulterpartien.
Noch auf dem Weg dorthin, denke ich: Das ist aber
eine sehr sehr spezielle eigene Art, einen Schwerpunkt
zu setzen: Dort angekommen bin ich fasziniert.
Das Personal klärt mich ungefragt über unterschiedliche
Verbrennungsarten auf und zwar mit durchaus ästhetischen Detailaufnahmen und Gruppenfotos:
Ich sehe eine Cappucino-Combustio auf der Handinnenfläche, Espresso-Bauchgewebsnekrosen und durch
Irish Coffee verbrannte Kniekehlen.
An einem Nachmittag:
Von D zurück nach A, von A nach B.
Warum ich nicht direkt von D nach B gebracht werde,
kann mir niemand erklären, auch nicht die Kollegen.
Im Klinikum B wird meine Nase fachmännisch untersucht und festgestellt: Nasenbeinfraktur.
Einen flotten Spruch bekomme ich gratis:
Ein Nasenbeinbruch ist kein Beinbruch.
Klinikum B kümmert sich auch um meinen Arm,
diagnostiziert eine Trümmerfraktur.

Leider habe ich das vom Klinikum A entwickelte sogenannte Schnittstellen-Formular QM K K HB 1a vergessen, sodass ich meine Krankenhaustour wiederhole: Von A nach C, von C nach A , von A nach D, nicht direkt nach B, sondern wieder A, B, A.
Das hat juristische Gründe ... oder strukturelle ... oder traditionelle ... oder steuerliche ... ich weiß es nicht mehr. Jedenfalls, das versichert mir eine frustrierte Klinikum C-Krankenschwester, die eigentlich Pilotin werden wollte und ihrem Chef noch nicht mitgeteilt hat, dass sie zum 1.1. eine Ausbildung als KfZ-Mechanikerin beginnt, jedenfalls hat es keine medizinischen Gründe, glaubt sie, weiß sie aber nicht.
Die Klinikumtour ist sehr aufschlussreich gewesen.
Ich weiß jetzt:
Klinikum A ist das lustigste.
Klinikum B hat das beste Essen.
Klinikum C ist am modernsten.
Klinikum D hat die schönsten Zimmer.
Das jedenfalls sagen die Patienten, die Dauerpatienten.
Wie sagt man? Klinikhopper.
Ja, ich kann einfach nicht ohne Interviews.
Ich MUSS Menschen befragen.
Meine Personalbefragung ergibt:
Klinikum A ist das bedeutendste.

Klinikum B ist das größte.

Klinikum C ist das innovativste.

Klinikum D ist das renommierteste.

Nach vier Tagen Aufenthalt unterhalte ich mich mit dem Autounfall von Bett 2. Er nuschelt was von Operation. Ich schaue ihn mitleidig an und sage: »Oooouuuuh, das tut mir aber leid.«

Erst im Verlauf des Gesprächs wird deutlich, nicht ER, sondern ICH werde operiert.

Warum weiß ER das, bevor ICH es erfahre?

Er schaut mich mitleidig an und versucht zu sagen: »Ooouuuh, gaz kut ihr aber eid.«

So! Ich bedanke mich für die Information, indem ich ihm kräftig die verletzte Hand drücke. Is' sonst gar nicht meine Art.

Mist. Mist. Mist. Ich bin noch nie operiert worden. Ich weiß gar nicht, wie das geht. Ich möchte auch nicht dabei sein, wenn es passiert.

Was ... wird überhaupt operiert. Die Nase? Die Haut? Der Kopf?

Tut alles gar nicht mehr so weh.

Ich will nach Hause.

Tatsächlich erfahre ich vom Oberarzt, dass mein linker Arm morgen unters Messer muss.

Ich bin nämlich ein K63, H5b, N4712, L.A krk krk, und da muss man operieren.
Früher gab's immer lateinische und englische Ausdrücke, die einfach zu entschlüsseln waren oder Kürzel, die man kapieren konnte:
HNO, SAB und SHT,
Vigilanz, Hämatom, oje mine.
Kardio, Gynäko und Urolo,
Chirurgie, Psychiatrie, ach ja, soso
Mir werden
a) fiese Röntgenbilder nicht operierter komplizierter Armbrüche und
b) diverse Formulare vorgelegt.
Ich unterschreibe blind alles, selbst die fiesen Röntgenbilder.
Um das Risiko zu minimieren, trägt das gesamte Personal um mich herum Gummihandschuhe und Gummistiefel.
Bett, Schrank, Kleidung, Fenster, alles wird desinfiziert.
Alles wirkt ziemlich steril.
Hoffentlich bin ich's nicht nach der OP
Die Vollnarkotisierung verläuft positiv, vermute ich.
Die Operation ist ein voller Erfolg für den Arzt und für mich.

Der einzige Zwischenfall ist – den Erzählungen nach –
ein Krankenpfleger im ersten Lehrjahr, der nicht davon
abzubringen ist, dem Patienten, also mir, Schwarzbrot
mit Mettwurst zu servieren.
Während der Operation.
Die nächsten Tage werde ich gehegt und gepflegt und
entlassen.
Erst aus Klinikum A, dann aus Klinikum C –
aber da war ich doch nur dreieinhalb Stunden –
aus Klinikum D und danach aus Klinikum B.
Ich fahre nach Hause, ein bisschen traurig darüber, dass
die Krankenhauszeit nun zu Ende ist und denke:
Tja, da hat sich doch einiges geändert in den letzten
Jahren.
Zu Hause angekommen zeigt mir der Kalender:
16. November 2004.
Auf meinem Schreibtisch liegt der Flyer:
17. November «Schnittstellen»-Symposium, Gastredner:
Winfried Hammelmann
Ich geh' einfach hin, und sag', dass ich mich nicht vor-
bereiten konnte, weil ich im Krankenhaus war.
Auch wenn's mir keiner glaubt.

Tagebuchaufzeichnungen

6 Uhr 14   Aufstehen.
6 Uhr 25   Hinlegen.
6 Uhr 37   Wieder aufstehen.
6 Uhr 45   Wieder hinlegen.
6 Uhr 58   Langsam aufwachen, der Radiowecker springt an.
7 Uhr 00   Nachrichten hören.
7 Uhr 15   Die gehörten Nachrichten langsam begreifen.
7 Uhr 17   Das erste Mal die Augen öffnen.
7 Uhr 22   Mit Tochter darüber diskutieren, wer den Rasierapparat zuerst benutzen darf.
7 Uhr 27   Duschen, waschen, legen, fönen.
7 Uhr 34   Mit dem Fön diskutieren.
7 Uhr 38   Kaffeepulver in den Toaster schütten, Eier auspressen, Apfelsinen in die Filtertüte und dann das Toastbrot schälen.
7 Uhr 42   Beginne noch mal von vorn und ordne die Lebensmittel den richtigen Küchengeräten zu.
7 Uhr 47   Schaue auf die Uhr und lese 7 Uhr 47.
Schaue auf die Uhr und lese 7 Uhr 47.
Schaue auf die Uhr und lese 7 Uhr 47.

Schaue auf die Uhr und merke:
Ich bin in der Schleife gewesen.

7 Uhr 59   Renne zur Bushaltestelle, um den Bus zu bekommen. Der Fahrer wartet, bis er mich sieht und fährt los.

Ich wieder nach Hause. Brause mit dem Auto los. Nach wenigen Haltestellen sind wir auf gleicher Höhe.

Vielleicht hätte ich nicht auch an jeder Station halten sollen, um Fahrgäste mit zu nehmen.

Weil ich sauer bin, versuche ich, den Bus mit meinem 500er abzuhängen. Die Kiste ist schneller als mein Fiat.

Ich parke den Wagen, sprinte zum Bus und steige ein. Ich grinse den Fahrer überlegen an, muss dann aber überlegen, weshalb auch er grinst.

Wir fahren los.

Verdammt! Hier hätte ich ja AUSsteigen müssen.

8 Uhr 40   Betrete den Haupteingang. Vor mir geht Jondrascheck. Er guckt mich an, und ein Wettlauf beginnt.

Wir rennen durch die Flure, er hechtet in den Fahrstuhl, ich nehme die Treppe, drei Stufen auf einmal.

Ich stelle ihm – während wir laufen – eine Frage und dann ein Bein. Hähä. Eingeholt! Ich bin zehn Meter vor ihm. Doch dann öffnet jemand in diesem Flur die einzige Tür, die nicht Richtung Zimmer geöffnet wird, und ich – PATSCH – knalle dagegen und sehe ihn hinter der nächsten Abbiegung verschwinden.

Und wieder kriegt Jondrascheck in der Kantine das letzte Eiersalatbrötchen. Dafür hasse ich ihn!

9 Uhr 30 Redaktionskonferenz: Anne meint, die Sache mit dem Streik, das ist ein Thema. Beate ist dagegen. Anne meint, wir müssen MEHR darüber berichten. Beate meint, WENIGER.

Christoph meint:

»Mehr ist manchmal weniger.«

Dorit denkt: »Christoph isst manchmal weniger.«

Klaas schlägt vor: »Winfried, mach doch mal was zum Streik, was Witziges.«

Frauke sagt: Thema Nummer 1 ist ja wohl die Kanzler-Äußerung. Gerald fragt: »Welche?«

Alle lachen. Keiner weiß, warum.

Der Chef spricht ein Machtwort.

Keiner lacht. Alle wissen, warum.

Ich soll jedenfalls was Lustiges dazu machen.

Heiner erinnert daran, dass wir alle – am besten gemeinsam – die Pfandflaschen aus den Büros wegschaffen müssen.

Ina ist von den ewig gleichen Themen genervt.

Jens ist von Ina genervt.

Katrin regt sich auf, wird heiser.

Ludwig bleibt cool, wird leiser, und es wird

10 Uhr 32 Schreibe eine Story über den Streik; lese sie meinem Kollegen Martin vor. Der findet sie so komisch, dass er keine Miene verziehen kann.

Ich werfe die Notizen aus dem Fenster.

Kein Problem, weil Erdgeschoss.

Außerdem steht draußen seit Jahren ein Papiercontainer.

13 Uhr   Wir gehen in die Kantine und spielen *Wer-hatAngstvormMagengeschwürWettessen.* Ich schaufel mich auf den ersten Platz, mache sie alle satt.

14 Uhr 12 Versuche eine andere Geschichte. Wieder will ich meine Notizen aus dem Fenster werfen, entscheide mich aber diesmal für Martin.

14 Uhr 59 Mir kommt DIE Idee für eine Glosse!

15 Uhr   Spät-Konferenz.

15 Uhr 30 Die Wochen-Konferenz.

16 Uhr   Die Monats-Konferenz.

16 Uhr 30 Die Konferenz zur Erreichung der Aufhebung der überflüssigen Sitzungen und Konferenzen.

17 Uhr 17 Die 17 Uhr 17 Konferenz.

17 Uhr 30 Entscheide mich dafür, ein minutiöses Tagebuch zu führen.

6 Uhr 14   Aufstehen.

6 Uhr 25   Hinlegen.

6 Uhr 37   Wieder aufstehen.

6 Uhr 45   Wieder hinlegen.

6 Uhr 58   Langsam aufwachen, der Radiowecker springt an.

7 Uhr 00   Nachrichten hören.

7 Uhr 15   Die gehörten Nachrichten langsam begreifen.
7 Uhr 17   Das erste Mal die Augen öffnen.
7 Uhr 22   Mit Tochter darüber diskutieren, wer den Rasierapparat zuerst benutzen darf.

Freie Fahrt für freie Verkehrsminister

Der arme Verkehrsminister. Immer und immer wieder wird er mit der Tempolimit-Diskussion konfrontiert. Und keiner seiner Kollegen verteidigt ihn richtig. Okay, dann übernehme ich's halt und mach' mir schnelle Gedanken:

Nur weil Studien besagen, dass Tempo 130 auf Autobahnen die Zahl der im Straßenverkehr insgesamt Schwerverletzten und Getöteten stark vermindert, lässt man sich doch nicht einfach verunsichern. Jetzt arbeiten wir mal mit ganz anderem Zahlenmaterial: Laut einer Statistik kommen in England auf 1000 Unfälle mit Personenverletzungen 51 Todesfälle. In der Bundesrepublik sind es nur 39!

Weiter: In England ist die Höchstgeschwindigkeit 112 km/h. Wenn wir davon ausgehen, dass die Geschwindigkeit (ohne Höchst) in der Bundesrepublik, sagen wir 50 Stundenkilometer höher liegt, heißt das rein rechnerisch: Bei einer Erhöhung des Tempolimits um 50 km/h sterben zwölf Personen weniger!

Um also die Anzahl der Verkehrstoten auf null zu bringen, müssten wir auf unseren Straßen Tempo 275 einführen, natürlich als Mindestgeschwindigkeit.

Schlauer wäre es allerdings, für Tempo 350 zu plädieren. Lassen Sie mich mal eben rechnen ... ja, dann kämen auf 1000 Verkehrsunfälle etwa 18 Geburten!
Ein Restrisiko bleibt natürlich. Und deshalb sollten Sie, Herr Verkehrsminister, sich schleunigst mit dem Forschungsminister zusammensetzen und ihm unterbreiten, dass sämtliche Energien in die Erfindung eines 13-Wege-Katalysators investiert werden müssen, eines Kats, bei dem die Umwelt weniger belastet wird, wenn man schneller fährt.
Spätestens dann wird es Zeit, Steuervergünstigungen und Plus-Punkte für Raser einzuführen.
Um das Restrisiko weiter zu mindern, könnte man zusätzlich die Altersgrenze für den Führerscheinerwerb auf 14 Jahre heruntersetzen; Frauen und Männer, die über 80 sind und noch Auto fahren, sollten Extra-Prämien aus der Staatskasse bekommen, aber nur, wenn deren Wagen wenigstens halb so alt ist wie die Fahrer.
Begründung für die neuen Altersgrenzen: Wer mit 14 Jahren anfängt, kann mit 19 eine fünfjährige Fahrpraxis vorweisen, und mit über 80 Jahren hat man erst die richtig gelassene Einstellung zum Verkehr.
Tja, und dann sollte der Verkehrsminister beim Umweltminister anklopfen und ihm vorschlagen, dass es ange-

sichts der (langfristig) steigenden Rohölpreise besser wäre, benzinfreies Blei zu tanken.

Und danach ist für die Automobilindustrie die Zeit reif, sich von den Rädern zu lösen und endlich den aerodynamischen Straßengleiter auf den Kfz-Markt zu bringen. In diesem Fall könnte die Geschwindigkeit ja noch ein wenig höhergesetzt werden.

Wenn dann jeder Mann und jede Frau und jeder Teenie einen schlaglochschonenden PKF, also, Personen-Kraft-Flieger fährt, kann eigentlich überhaupt nichts mehr passieren, denn Tiefflieger stürzen ja bekanntlich so gut wie nie ab.

Camping

Wie ich das Zelten auf dem Campingplatz lieben gelernt habe? Gar nicht! Ich hasse es!

Zuerst steht man stundenlang im Stau, dann kommt man nachts auf dem Zeltplatz an, findet den richtigen Stellplatz erst, nachdem man drei fremde Vorzelte, einen Gaskocher und unzählige Wäschestücke überfahren hat und fetzt sich dann mit einem anderen Camper:

»Was fällt Ihnen ein, über meinen Schnorchel zu fahren?!«

»Wenn Sie so campen, wie Sie Auto fahren, dann sollten Sie hinter Gittern sitzen!«

»Was wollen Sie denn mit einem Schnorchel im Baggersee?!«

»DAS GEHT SIE GAR NICHTS AN!«

Und dann stellt man fest: Dieser fiese Schreihals ist der neue Campingnachbar.

Dann breitet man das Zelt aus, findet sogar die Heringe (nicht die neuen, guten – die liegen auf dem Wohnzimmertisch, 675 Kilometer weit entfernt) und schon fängt's an zu regnen.

Alles wieder zusammenpacken, alle rein ins Auto. Abwarten. Der Regen wird stärker, noch stärker.

Warten. Ein Sturm zieht auf, aber nicht mehr ab: Zeit, das Zelt aufzubauen.

Zwei Stunden und 24 Heringe später ist es vollbracht. Jetzt noch schnell die Luftmatratzen aufpumpen.

»Hast Du den Blasebalg eingepackt?«-»Nee, ich dachte Du ...« – PUST PUST PUST ...

40 Minuten später ist auch das geschafft. Der Rest wird morgen erledigt. Die Pfütze im Schlafbereich stört weder Vater noch Mutter noch Kind.

Endlich schlafen.

War da nicht ein Schatten? Ja. Wer fingert denn da am Reißverschluss? Man(n) krabbelt nach vorn, Frau auch. Ein Kopf, der seinen Körper nicht unter Kontrolle hat, versucht ins Zelt zu kommen und spricht nicht gerade nüchtern:

»Waaas machen Siedn in meim Zelt, ich hab' doch gar (HICKS) nich' unnervermiedet?«

Er besinnt und entschuldigt sich – zwar nicht bei den Eltern, sondern bei der Kühlbox – aber was soll's.

Und dann hat man sich eingemummelt, fühlt sich im nassen Schlafsack geradezu wohl, da fällt einem ein, dass man den ganzen Tag noch nicht zur Toilette war. Obwohl man gar nicht musste, weiß man jetzt, dass man bald muss. UND DANN MUSS MAN AUCH SCHON.

Hektik! Raus aus dem Schlafsack, raus aus dem Zelt, vor Ort stellt man dann fest: »Klopapier vergessen!« Zurück zum Zelt und wieder zur Toilette: »Ach Mist, hier braucht man ja 'n Schlüssel.«
Zurück, den Dietrich holen. UND DANN SIND ALLE TOILETTEN BESETZT! NACHTS! UM DREI UHR!!!
Als sich alle noch mal »Gute Nacht« sagen – natürlich musste die ganze Familie zum Klo – stehen die ersten Campingnachbarn auf, so gut gelaunt, dass einem schlecht werden kann, mit Radio, Fernsehen, Gekicher, Geschirrgeklimper, und bald mit Geschimpfe.
Zwei Camperpaare fahren ab, düsen voll über den gesamten Campingplatz:
»Wieso gerade über unseren Kocher?«
Während Mutter dabei ist, dem Kind ein bis drei Zecken zu entfernen, denkt sie laut darüber nach, wie wohl über Nacht der Ameisenberg im Vorzelt entstanden sein könnte.
Vater hat im Laufe einer Stunde in der flatternden Behausung sein Portemonnaie, seinen Ehering, den Dosenöffner und die Geduld verloren, und die Brille ... ach nee, da ist ... KRRRK ... war sie ja.
So, das reicht. Da wird man doch automatisch zum Campinghasser, denn dieser Urlaub sollte 14 Tage

dauern, also 336 Stunden, bis jetzt waren es aber erst NEUN STUNDEN! Noch Fragen?

Der Fußmatten-Krieg

Ja, ich gebe es zu, es klingt versnobt, aber ... aber ... ich kann's nicht ändern.

Wir haben uns ein neues Auto gekauft.

Vorher hatten wir es uns angesehen, von allen Seiten, von außen und von innen. Wir hatten uns reingesetzt und drinnen Neuwagenluft geschnuppert.

Und dann haben wir diesen kleinen britisch-grünen (aber nicht britischen) limitierten Wagen käuflich erworben.

Nach sehr wenigen Tagen (gefühlt: nach wenigen Stunden) erkundigte sich die Herstellerfirma telefonisch.

Sie wollte wissen, ob wir zufrieden sind.

Ich beantwortete einen ganzen Fragenkatalog und bewertete alles positiv, zeigte mich auch zufrieden mit der Filiale und mit dem Verkäufer.

Ich hätte auch blind gute Werte für die Gehwegplatten vor dem Autohaus oder für die Fußnägel des Verkäufers abgegeben.

Wir sind mit unserem kleinen Flitzer unvernünftig oft rumgedüst. Aber dann fiel meiner Frau etwas ein und auf: »Sag' mal, das sind doch nicht die Original-Fußmatten.«

Sie hatte recht. In unserem Wagen waren beige umrandete Matten, die irgendwie auch passten, aber in dem Vorführmodell lagen – wie wir uns erinnerten – besonders schicke dunkle Matten, in denen das Emblem unseres Sondermodells eingearbeitet war. Schön grün.
Jetzt könnte der eine oder andere annehmen, Hammelmanns, das sind aber ganz schöne Spießer.
Und an dieser Stelle möchte ich erwidern: Ja, wir sind ganz Schöne!
Und: Ja, wir sind Spießer.
Aber was soll's: Jeder hat so seine Alltagsmenschanteile. Bei dem einen sind es die Schuhe, die ihn zum Spießbürger machen, bei dem anderen sind es die Essgewohnheiten. Bei dem einen sind es die Gartenzwerge, bei dem anderen ist es der Kunstgeschmack. Bei uns, ja, bei uns ist es alles zusammen, plus Fußmatten.
Wir wurden vom Verkäufer routineangerufen.
Wieder schwärmten wir, haben ihm aber auch das kleine Problemchen geschildert und: *Gesagt, getan* wäre jetzt die falsche Umschreibung. Richtig wäre: *gesagt, nichts getan*.
Die Tage (gefühlt: Monate) vergingen. Wir stellten fest, dass man unser Auto trotz Wissen um die falschen Matten fahren kann.

SUPER einerseits, GRRRR andererseits. Je länger der Mann sich nicht meldete, desto öfter dachten wir: ›Wieso meldet der sich nicht? Krank? Urlaub? Arbeitsplatzwechsel? Telefonnummer verlegt? Angst vor Kunden? Angst vor Arbeit ... vor lauter Arbeit ... den Überblick zu verlieren? Den Überblick verloren? Gefrierbrand im Hirn?‹

Wir meldeten uns bei ihm. Er sagte, freundlich wie immer: »Die Matten, die gibt's nicht mehr.«

Wir sagten, immer noch freundlich: »Das gibt's doch nicht.«

Ich schlug vor, dass ich, der Kunde (gefühlt: der König) mich mal mit der Zentrale in Verbindung setze, um mich freundlich zu beschweren.

Wir schilderten der Zentrale das Mattenproblem a) telefonisch, b) schriftlich.

Wenig später entdeckte Regina im Internet eine *KundenkönnenhierschreibenwasanihremNeuwagennichtperfektistundseiesdassdiefalschenFußmattengeliefertwurdenWebsite*. Haben wir gemacht.

Am nächsten Tag (gefühlt: fünf Sekunden später) rief unser Autoverkäufer an, um uns mitzuteilen: »ICH habe Ihre Matten jetzt bestellt.«

Ich kann nicht mehr genau sagen, warum mir in diesem Augenblick die Wörter *dummdreistes Sackgesicht* in den Sinn kamen, aber ich erinnere mich daran, dass ich sagte: »Schön.«

Nur einige Tage vergingen, da meldete sich der Verkäufer wieder, diesmal mit der frohen Botschaft: »Die Matten sind da!«

Für uns hatte die Bedeutung dieser vier kleinen Wörter mittlerweile einen sehr hohen Stellenwert, zu vergleichen mit der Äußerung eines Arztes, der einem auf Nachwuchs erpichten Pärchen mitteilt: »Sie bekommen ein Kind.«

WOW! Wir werden Eltern. Von zweieiigen Fußmatten. Unsere Freude war groß, sehr groß.

Wenn ich diese unsere kleine Geschichte in einem Spielfilm gesehen hätte, würde ich sofort denken: ›Freut euch erst, wenn ihr die Matten unter den Füßen habt, ihr naiven Idioten.‹

Das Telefonat war übrigens noch nicht beendet. Wir wollten natürlich wissen, wie genau unsere kleinen süßen Miniautoteppiche aussehen.

Die Antwort: »Anthrazit mit beigefarbenen Rändern.«

Es waren die gleichen falschen Fußabtreterdinger, die wir schon ein paar Monate (nicht gefühlt, sondern tatsächlich) herumkutschierten.

›Würg‹, war mein erster Gedanke, ›würg ihn‹, mein zweiter.

Obschon der Gedanke, Ersatzmatten zu besitzen, (vor allem für Spießer) irgendwie reizvoll ist, sank unser Interesse, sie sofort abzuholen.

Es vergingen viele Wochen (gefühlt: egal wie viele). Aber eines Tages bot es sich an, mit dem Verkäufer Kontakt aufzunehmen.

Wir erfuhren, dass der Verkäufer die Matten wieder zurückgeschickt hatte.

Ich musste mehrmals schlucken, um das Gefühl zu haben, dass man den Schaum vor meinem Mund nicht mehr sieht.

Im ersten Augenblick fiel mir nichts Legales ein, ihn sofort zu bestrafen.

Dann doch: Anschreien! Aber nein: Zu primitiv. Ich strafte ihn mit Blicken, mit einer Mischung aus *Du armer Wicht* und *Blöder Vollidiot* und *Ich mach dich fertig* und *Ich werde meine Matten kriegen*.

Wieder vergingen Wochen. Und dann war Zeit für die erste Inspektion.

Dem Meister in der Werkstatt erklärte ich noch mal das Fußmattendesaster, nicht ohne zu sagen: »Das wär' doch ein schönes Ostergeschenk, die richtigen Fußmatten im Kofferraum.«

Das passierte natürlich nicht. Als ich den Wagen abholte, begegnete ich dem Verkäufer, und im Gespräch fragte er tatsächlich allen Ernstes:
»Wo haben sie die Matten mit dem Emblem denn überhaupt gesehen?« Ich guckte ihn an, als sei er ein Irrer. Er guckte mich an als sei ich ein Irrer, nur freundlicher. Ich dachte: ›Entweder reiß ich mich jetzt zusammen oder ihn auseinander.‹
Cool down. Cool down. Durchatmen. Alles nicht so schlimm. Andere haben kein Dach über dem Kopf und wir nicht die richtige Matte unter den Füßen.
Ich lächelte ihn an und ging. Und das Thema ist jetzt auch durch.
Fast. Weil ich schon jetzt weiß, was mich dieser (oder ein anderer) Verkäufer fragen wird, wenn wir in ein paar Jahren mal ein neues Auto kaufen möchten, und unser jetziges in Zahlung geben möchten: »Wo sind denn die Originalfußmatten?«, um nachzusetzen: »SO ist der Wagen eigentlich nichts mehr wert.«

Protokoll einer Radiomoderation

Eigentlich trink' ich nichts, keinen Tropfen Alkohol rühr' ich an, weil ich genau weiß, es wird nicht bei den 13 Schnäpsen bleiben.

Nur wenn mein Magen vom fetten Essen und Trinken ... so wie jetzt, na ja, dann trink' ich schon mal ... Augenblick. [TRINKT]

Ah (Aufstoßen!) oh, pardon, gleich noch einen hinterher. [TRINKT]

Is' ja strengstens verboten : Alkohol am Mikro. Wird bestraft mit Entzug. Und: Welcher Sprecher will schon ganz ohne, also ganz ohne Moderation?

Am besten schmeckt ja immer das dritte Glas.

[TRINKT]

N' bisschen übertrieben find' ich das Alkoholverbot aber schon. Kann der Hörer doch nich' riechen, dass, äh, was ich trinke ...

Und so drei Gläschen machen sich auch noch nicht in der Stimme bemerkbar. [HICKST]

Wenn ich ihnen nicht erzählen würde, dass ich mein viertes [TRINKT] oder fünftes Glas [TRINKT] runterkippe, dann könnten sie immer noch denken, da moderiert ein voll konzentrierter Mann, wahrscheinlich ein Apsinensler.

Ich mein', ich bin mir meiner Verantwortung bewusst:
Was hätte das für Folgen, wenn ich plötzlich ohne Vorwarnung rufen würde, so aus 'ner Schnapslaune heraus:
»Vorsicht Gas geben!«, und ein LKW-Fahrer rast in eine Spirituosenhandlung.
Fliegt trotz Abschnallgurt durch die Windschmutzscheibe und landet blut-und weinüberströmt im Regal Mosel-Saar-Ruwer, dann heißt es wieder: Alkohol am Steuer.
Schon deshalb ist Lalkohol, Lalkohol am Mikro gern ungesehen, ungesehen gern. [HICKST]
Dieses Hicksen soll ja weggehen, wenn man kopfüber drei Schlucke oder heißt es [TRINKT] EINS es Schlucks?
[TRINKT] ZWEI oder etwa Schlücks [TRINKT] DREI!
Ich glaub', es is' weg. [HICKST]
Ich bin nich betrunken. Nur weil ich gerade 'n bisschen laxe laber.
Wenn ich will, kann ich auch deutlich sprechen.
Woll'n se mal hörn? DEUTLICH, hahaha, stark, wa?
Gleich muss ich aber mal 'n Wunderzwerg trinken, so'n Magen- und Darmbitter.
Eigentlich trink' ich auch nich alles durcheinander.
Entweder Wein und Bier oder Likör und Schnaps. Aber nich alles zusammen.

Ich muss auch immer auf meinen Magen aufpassen. Manchmal sind drei Magenbitter schon zu viel. Wisse se was ich dann mach'? Ich kipp' 'nen Sauren hinterher, so'n Zitronenkorn.

Und wenn der nicht reicht, dann noch einen. Hab' ich schon ganze Nächte mit verbracht, mit Messbecher und Pipette.

Immer sauer, bitter, sauer, bitter, zwischendurch 'nen Klaren, um 'n Kopf zu bewahren.

Übrigens: Sagen se bloß nix meinen Eltern, dass ich hier Alkohol im Studio habe, sonst wollen die wieder was abhaben!

Apropos Studio: Kennen Sie die Malerin Paula Modersohn-Becker?

Wissen Sie, wie mein Freund die immer nennt? Paula Becker-Modertschon.

Was wollt ich eigentlich? [HICKST] Gibt ja Leute, die meinen Bier ist kein Alkohol, find' ich ja auch, aber ich würde noch weiter gehen und sagen HICKS, und sagen, HICKS Apfelkorn ist kein Bier.

Also ist Appelkorn auch kein Alkohol, klar wa?

Und ganz Oberschlaue, die sagen sogar PROST, [TRINKT] die sagen sogar, Alkohol is' ne Droge.

Anner Bremer Uni gibt's sogar welche, die meinen

Kaffee, Zucker, Tee, Pilz und Fernsehen sind alles Drogen, alles Drogen.

Ich mein' alles zusammen mach ja sein, aber irgendwie auch Quatsch.

Oder haben Sie schon mal in der Zeitung gelesen: Auf der Bahnhofstoilette ist in der Nacht zu Sonntag ein Toter gefunden worden. Er ist in diesem Jahr der dreizehnte TV-Tote.

Oder: Wieder wurde Kaffeetrinker festgenommen. Der 49-Jährige zählt laut Angaben der Polizei zum harten Kern der Mokkamafia!

Nee, also irgendwo is ' ne Grenze. Also 'n Bekannter von mir der is' in drei Minuten von 0 auf 2,4 Promille, den würd' ich nich vors Mikro lassen.

Ich mein': Der hätt' da sowieso kein' Bock drauf, aber wenn einer hernstagelvoll im Studio sitzt und moderieren will, dem würd' ich echt den Hahn abdrehen, Echt, da würd ich keine Komo, keine Komomisse machen. [DUMPFES GERÄUSCH; SCHNARCHEN]

Der Pollenvernichtungsclub

«Horch, von fern ein leiser Harfenton! Frühling, ja du bist's! Dich hab' ich vernommen!»

Ja, vernommen hab' ich ihn auch, den Frühling, aber aller Wahrscheinlichkeit nach ganz anders als Mörike: Im ersten Jahr lief ich wochenlang mit einer getönten Taucherbrille durch die Stadt.
Im zweiten Jahr ergänzte ich diese durch eine Kaffeefiltertüte, die ich mir über die Nase stülpte.
Meinen Mund verklebte ich sorgfältig mit einem Pflaster und die Ohren wurden wattiert.
Nach dem ersten Erstickungsanfall glaubte ich, die seltsame Krankheit besiegt zu haben. Aber im folgenden Jahr begann es von neuem:
Tränende Augen, kleckernde Nase und juckender Gaumen.
Nachdem mir ein handfester Heuschnupfen bestätigt wurde, erkundigte ich mich im Freundeskreis nach Hausmitteln und probierte eines nach dem anderen aus.
Ich spülte die Nase mit Zinnkrauttee, löffelte täglich Honig und versuchte es mit Honigpollen.
Stundenlang hielt ich mich in Kühlhäusern auf.

Später aß ich die Pollen, von denen ich annahm, dass sie mich reizten, mal auf Brot, mal im Pudding, zuletzt sogar pur. Nichts half!

Ein Hals-Nasen-Ohrenarzt bescheinigte mir, dass mich Knäuelgras und Birken piesacken.

Im selben Jahr überzeugte mich der HNO-Arzt, die Schwächung oder Aufhebung der allergischen Reaktionsbereitschaft eines Organismus durch stufenweise Zufuhr des anfallauslösenden Allergens zu erreichen. (Klingt gut, was? Das ist die Definition des Wortes ›Desensibilisierung‹, die ich jedem, der es nicht wissen will, verbal um die Ohren schlage.)

Jedenfalls: Jetzt habe ich die Nase voll vom Heuschnupfen, denn ich bekam insgesamt 179 Spritzen – ohne Erfolg.

Zusammen mit einigen Leidensgenossen gründe ich einen Verein, den »Pollenvernichtungsclub«, kurz »PVC«.

Wir haben auch schon eine Vereinshymne: »Hayfever« von den guten alten Kinks.

Kennen Sie doch. Das ist die Gruppe mit dem nasal klingenden Sänger. Ich vermute, dass die Band ihre CDs immer zur Pollenhochsaison aufnimmt.

Unsere erste Aktion ist bereits vorbereitet:

Mit sieben Sensen ziehen wir für eine Woche übers

Land, wobei wir sämtliche Gräser, die im Weg stehen, mähen.

Dabei rufen wir: Ritscheratsche, rischteratsche Heu Heu Heu!

Danach werden wir mit nasenförmigen Prospekten um Mitglieder werben.

Übrigens, wir brauchen dringend Kreissägen für unser Anti-Birken-Projekt »TnT«, das steht für »Tanne neben Tanne«.

Unser Nahziel ist eine pollenfreie Umwelt, unser Fernziel sehen wir darin, alle Allergien auszurotten, indem wir die Verursacher bekämpfen.

(Nebenbei bemerkt, es gibt sogar Mehlstaub- und Katzenhaarallergien. Nun, bis dahin ist es ein langer Weg.)

Aber eines weiß ich heute schon: Wenn wir alle Bäume gefällt und alle Gräser vernichtet haben, dann werde ich mich in meinen Garten setzen, tief die frische Luft einatmen und mich an der herrlichen Natur erfreuen.

Die Tee-ologie des E. Bünting von Fixlipton

Meine Freunde sind Teetrinker. Jan & Janne sind echte Abhängige, Süchtige der Droge Tee.

Die genießen so oft Tee, dass ich mich frag', warum die nicht die getrockneten Blätter einfach pur löffeln. Die könnten das mit dem vielen Wasser lassen und müssten nicht so viel Wasser lassen.

Jedenfalls wollten sie mich zum Teegenießer machen und haben bei null angefangen, mit der Lesefibel: »Fiep, Fiep, Fiep, Teewasser, das macht Piep.«

Was man alles beachten muss: Die Kanne wird nicht gespült.

Stellen Sie sich mal vor, die ... phh ... was weiß ich ... die Kartoffelpüree-Süchtigen oder die Freunde der Käsesahnesoßen würden das so machen: Töpfe und Pfannen dürften nicht gereinigt werden. So'n Quatsch!

Nächster Punkt: Wasserhärte. WASSERHÄRTE! Ich mein', spring' ich aus 30 Meter Höhe in einen Pool mit Tee? Oder trinkt man das Zeug?!

Na also!

Und: Das Wasser sollte keinen Kalk enthalten. Kein Chlor, find' ich persönlich viel wichtiger und kein Blei, kein Cadmium und keinen Kaffee, aber keinen Kalk? Ich bitte Sie!

Als ich bei Jan & Janne das erste Mal trinken muss...
durfte, hab' ich den kleinen Löffel gegriffen und wenige
Millimeter, bevor ich das kleine Metallgerät in das kostbare Heißgetränk tauchte, schrien beide: »NEIN, UM
GOTTES WILLEN, NICHT DIESEN LÖFFEL!«
Ich fragte kleinlaut: »Den Teelöffel nicht für den Tee?«
»BIST DU WAHNSINNIG! Hier, nimm' Deinen GRS,
Deinen Glasrührstab. Der Löffel liegt da nur für den
Erdbeerjoghurt.«
Die sind doch nicht ganz ... näh. Glasrührdingsda. Ts!
Außerdem: Erdbeerjoghurt vom Metalllöffel, das mag
ich überhaupt nicht!
Aber Jan & Janne versuchten weiter, mich
zu einem von ihnen zu machen.
Wussten Sie, dass die Teetrinker grünen Tee zweimal
aufbrühen?
Warum? Ich weiß es auch nicht! Vielleicht sicherheitshalber. So wie Leute von dem selben Motiv zwei Fotos
machen: Falls das erste nix wird.
Möglich wäre auch, dass die Teegläubigen irgendsoeinen ... Ostfriesenmischling .... so'n Erasmus Bünting
von Fixlipton anbeten ... oder anmessmern, der das so
gemacht haben soll.
Und wahrscheinlich hat DER nur ein zweites Mal aufgegossen, weil er die erste Kanne verschüttet hat.

Damit enden die Gemeinsamkeiten der ... Tee-ologen (Haha!) auch schon.

Es folgen Ent oder Weder's:

Entweder Stoff oder Papier. Also die Frage stell' ich mir bei Einkaufsbeuteln ... oder bei Kleidung, aber bei Filtern?

Entweder Kandiszucker oder Honig oder KEINEN Zucker?

Beim Kuchenbacken ist das eindeutig. Und bei Rührei. Oder bei Melonen.

Porzellantasse oder Glas? Is' doch egal!

Wasser: Entweder kochen oder 70 Grad. Ich frag' mich, wieso nicht 82 Grad oder 93.

Und dann: Die Minuten-Weisheiten. Zehn Minuten: Einschlaf-Tee, drei Minuten: Wach-Werd-Tee.

Hab' ich Jan & Janne gefragt: »Was passiert eigentlich, wenn man die mischt?«

Ich lernte, dass ›eigene Mischung‹ was ganz anderes bedeutet, und ich durfte Teesorten erfinden.

Meine Freunde waren ... joh, wir soll ich sagen ... ähm ... begeistert waren sie nicht.

Ach so: Hab' ich eigentlich schon gesagt, dass die beiden es nicht geschafft haben, mich zum Teetrinker zu machen?

**Marathon Pipapo:
Offener Brief an einen (Sports-)Freund**

Lieber Jens v.M.*

Du möchtest also am Bremer Marathon teilnehmen, obwohl Du vollkommen untrainiert bist.
Ich sag's ungern, aber: Du bist der einzige mir bekannte Mensch, der dadurch, dass er mehr Fahrrad fährt, ungesünder lebt. Ja, weil Du DANN nicht nur üppig isst, sondern auch noch Bier hinterherkippst.
(Natürlich muss ich DIR das nicht erklären, aber der Leser weiß das ja nicht bzw. erst JETZT.)
Du solltest wissen, dass am Straßenrand von Helfern zwar Getränke gereicht werden, aber kein Ouzo.
Es trainiert Dich auch nur bedingt, wenn Du zum Brötchenholen mit dem Fahrrad fährt, zumal, wenn es das Fahrrad des Nachbarn ist, der in die Pedalen tritt, während Du ihn – auf dem Sattel sitzend – anfeuerst.
Golf spielen als Trainingsmaßnahme hilft überhaupt nicht. Gut: Du bist an der frischen Luft. Gut: Du bewegst Dich. Gut: Du regst Dich auf, wenn Du nicht unter den drei besten Teilnehmern bist, und bringst

---

* Name von der Redaktion nicht geändert

damit Deine Pumpe auf Touren. Aber wenn Du schon auf dem Golfplatz bist, solltest Du nicht Deine Spielkonsole auspacken und am Bildschirm einlochen.
Natürlich kann man auch mit 40 laufen, Du musst Dir nur noch 39 Leute dazuholen, besser 40.
Du hast nicht verstanden, wie ich das meine? Ein Grund mehr, nicht mitzulaufen.
Wenn Werder 6:0 gewinnt, dann haben die elf Spieler die Leistung erbracht, nicht Du.
Selbstverständlich verbraucht auch das Aufspringen bei jedem Tor einige Kalorien. Damit dies aber als richtige amtliche Leistung gewertet werden kann, müsste Werder 80 Tore schießen und doppelt so viele Torchancen haben ... nicht in einer SAISON, sondern in einem SPIEL.
Du musst auch Deine Ernährung umstellen, nicht von 20.00 auf 18.00 Uhr, sondern von ungesund auf gesund, von fett auf mager, von Speck auf Spargel, von Sauce Hollandaise auf Spargelwasser, von Bier auf kein Bier.
Das Sportlergetränk schlechthin ist nicht etwa Rotwein aus dem griechischen Ort Marathon, sondern Apfelsaftschorle.
Aber Obacht: Nicht das Trinken allein macht dich zum Dauerläufer.

Noch was, Jens: Es hat keinen Sinn am Marathontag, wenn Dich nach 21,1 Kilometer die Kräfte verlassen, zurückzulaufen.

Hast Du das auch nicht kapiert? Noch ein Grund, nicht zu laufen.

Dass dein Kumpel aus Süddeutschland, der mit ähnlicher Figur und in ähnlichem Alter und allem Pipapo, den Bremer Marathon geschafft hat, zeigt vielleicht, also ganz eventuell, dass Du es unter bestimmten Voraussetzungen möglicherweise schaffen könntest, eigentlich zeigt es aber nur, dass ER es geschafft hat.

Das Training langsam zu starten, sich dann immer ein bisschen mehr vorzunehmen, bis man schließlich die 42,2 Kilometer packt, ist vollkommen richtig. Verkehrt dagegen ist, erst am Morgen des Marathons damit zu beginnen.

Die Brustwarzen mit Pflaster abzukleben, um Wunden zu vermeiden, das kann man auch schon beim Training mal machen, aber NICHT bei den mitlaufenden Frauen. Merke: Man muss bei sich selbst anfangen.

Den Zieleinlauf mit hochgerissenen Armen zu üben, ist auch okay. Aber nicht – wie du es ständig auf dem Parkplatz deines Stammrestaurants machst – lediglich die letzten 14 Meter. Obwohl dein ständiges Zusammenbrechen nach diesen 14.000 Millimetern sehr authentisch rüberkommt.

Stichwort Schuhwerk: Kauf Dir doch bitte bitte bitte bitte bitte bitte bitte bitte bitte Turnschuhe.

Kauf Dir handelsübliche Sportschuhe ohne Stollen, ohne Marzipanstollen.

Und: Schaff Dir doch bitte ein Handy an, falls Du Dich verläufst.

Übrigens. Ich möchte nicht, dass Du auf den Marathonlauf verzichtest. Nein, nein. Ich möchte nur, dass Du nicht mitläufst.

Katalogchaos

Vor drei Wochen habe ich mir zum Urlaubsbeginn siebeneinhalb Kilo Altpapier geholt. Also FÜR'S Altpapier: Ich mein' Reisekataloge. Wir wollten eine Reise für Kurzschlüssige buchen. Und hatten auch schon was gefunden: Samos, *Hotel Herpes*, oder nee: *Hotel Hermes*. Und zufällig entdeckte meine Frau bei *Schmaltours* dasselbe Hotel, nur viel günstiger und mit Begrüßungssamos. Daraufhin hab' ich mir die Prospekte genauer angesehen. Seitdem hinterfrage ich jedes Sonderangebot: 14 Tage Urlaub, zehn Tage bezahlen, vier Tage hungern oder was?
Nach einer Woche war mir auch klar, was sich hinter DUWC Blk o. Terr ÜF verbirgt. Nämlich: DuschKlo mit Balkon oder Terrasse, Übernachtungsfrühstück.
Wenige Tage später fanden wir unser Traumziel. Ost-Ibiza. Leider ging die Urlaubsrechnung nicht auf, weil nur Kinder von zwei bis zwölf ermäßigt waren. Katharina lag da leider drüber. Ich hatte eine Idee. Nach gründlicher Recherche gab ich den Plan aber wieder auf, denn Kinderpässe fälschen ist viel teurer als allgemein angenommen. Mein Katalogbewusstsein erweiterte sich von Tag zu Tag zu Stunde zu Minute. Bald erkannte ich: Drei Wochen Venedig mit Blick auf Kloake

kostet im Juli 280 Euro weniger als zwei Augustwochen Elba, halb Pension, halb nicht, mit Balkon Richtung Kfz-Werkstatt.

Letzte Woche habe ich eine spottbillige Reise zusammengestellt. Von Bremen mit dem Rheumadecken-Bus nach München. Dort eine Städtetour nach Frankfurt buchen und dann direkt über Paris nach Athen. Unglücklicherweise war der Bus nach München schon ausgebucht. Sie als Laie möchten jetzt bestimmt wissen: Wie nähert man sich dem Reiseziel?

Also katalogmäßig.

Methode 1: Sie nehmen zuerst den Teil mit den schönen bunten Bilderchen, schauen in die Tabelle und zerfetzen den Katalog, weil unerschwinglich.

Methode 2: Sie suchen zunächst in den Preistabellen die kleineren Zahlen, gucken sich danach das Hotelfoto an und vernichten den Katalog ebenfalls.

Methode 3: Sie besorgen sich eine Magnumflasche Baldrian und versuchen, den Katalog zu verstehen.

Geht los: Nehmen wir mal Fuertementera. Oder nee, Ostern in Lanzarote.

Preisliste aufschlagen und schon was gelernt: Lanzarote ist eine Insel.

So. Erster Flug: 2. Mai. Jetzt gibt's zwei Möglichkeiten. Entweder versuchen Sie, die Kultusminister zu überreden, Ostern auf Mai zu verlegen oder Sie blättern um.

Tunesien. Da entdecken wir: Die Saisonzeiten. Nicht von den vielen Buchstaben irritieren lassen. C wie *cu teuer*. Sie bewegen den Zeigefinger und/oder die Augen von C C C C C Richtung B B B B B. Schon besser. B B B A A A, Aaaaah! A wie *am billigsten*.

14. April super! Nun gucken Sie in der Preisliste unter A 2, also zwei Wochen. Jetzt mit dem linken Zeigefinger Hotel mit V-Pension suchen, nach rechts gehen, äh 1.345 Euro, nee 1.197. Das sind drei Wochen ... Vorführeffekt. Sie reißen – also ich reiße – die entsprechende Seite raus und zerknüllen sie. – Tut mir leid vor so vielen Lesern kann ich das nicht. Bin ich zu aufgeregt.

Dann zerreißen Sie – wie gesagt – die Seite und gehen in ein Reisebüro.

Haben wir gestern auch gemacht. Wir haben auch tatsächlich was gefunden! Ganz in der Nähe. Nee, nicht ausgebucht, wie Sie vielleicht denken, nein, nein. Ich hatte keinen Urlaub mehr.

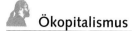 **Ökopitalismus**

Reich werden durch die Umwelt, das fand ich schon früher klasse. Man nennt das auch Ökopitalismus, also Geld in Ökoprojekten anlegen.
In den frühen 80ern hab' ich Geld in die Solarenergietechnik gesteckt, und zwar in eine Firma, die Solartaschenrechner baute.
Die Erträge wurden leider in Taschenrechnern gezahlt, aber immerhin: Ich bekam 43,2 Prozent.
Die Firma hieß »Emil Solar«, stellte die größten, ergiebigsten Zellen her. Ganze Dächer wurden damals damit gedeckt.
Die Firma ging aber pleite, weil ... ja, weil kein Mensch 40 Quadratmeter große Solardachtaschenrechner brauchte.
Ende der 80er unterstützte ich eine Hanffirma, die von Monat zu Monat mehr Produkte aus Hanf herstellte: Hanfhosen, Hanfhemden, Hanfunterwäsche, Hanffreizwäsche (die reizte die Haut sehr), Hanfbier, auch alkoholfrei (später hanffrei), Hanflikör und Hanffeger. Alles aus Hanf.
Seltsamerweise wurden die Angestellten abhängig. Statt Lebensmittel, Kleidung und Möbelstücke zu verkaufen, schleppten sie das ganze Zeug heimlich nach Hause.

Viele Mitarbeiter hatten regelrecht Entzugserscheinungen, wenn sie nicht irgendein neues Hanfprodukt in die (privaten) Finger bekamen.

Ich kann mich noch genau an die Gespräche mit den unter Hanfentzug leidenden Leuten erinnern:

»Komm, b... b... bitte, gebt mir noch ein Hanfsofa.«

»Aber du hast doch schon vier zu Hause.«

»Ja, aber dies hier noch nicht. Das kannst du als Geldgeber nicht verstehen. Diese Sofas machen mich einfach high.«

»Ja, aber mich machen sie pleite.«

»Bitte, bitte, ich tu' alles für dich.«

»Okay, ich will mein Geld zurück.«

»Ich tue f a s t alles für dich.«

Das war's dann. Geld futsch, Firma futsch. Aus Frust hab' ich versucht, eine Hanfhose zu rauchen. Aber irgendwie hatte die wohl 'n Webfehler, oder sie war zu klein. Jedenfalls: Ich fand sie geschmacklos.

Zwei Jahre später wollte ich mein Geld vermehren, indem ich Teilhaber einer Teestube wurde, und zwar war ich der Teil, der sich immer ärgerte.

Und DAS lag an den seeeeehhhhr unterschiedlichen Öffnungszeiten, die offensichtlich täglich neu demokratisch bestimmt wurden.

Von irgendwie unheimlich liebenswerten, selbstbestimmten Teestubenangestellten und -angestelltinnen, die sehr viel Verständnis hatten, vor allem für sich selbst. Mal machten sie um 14 Uhr auf, mal um 15.20 Uhr zu, mal war die Teestubentür nachts um drei noch auf, dafür fehlte das Personal ganz.

Und mein Geld? Tja, dort in der Teestube wurde das Wort *Anti-Ertrag* erfunden: Man steckte viel rein, und dabei kam NICHTS heraus (manchmal noch weniger). 1991 kaufte ich bestimmte Windkraftaktien. Ich sag' mal: Das war 'ne echt windige Investition.

Mein Geld löste sich in Luft auf. Und diese Luft hieß Hans Joachim Nehmann, wohnhaft vermutlich in Südamerika.

Kurz darauf wurde ich Raps-Diesel-Tankstellen-Pächter. Wie lange? Augenblick ... das war ... der 27. Oktober 1991 von 7 bis 21.12 Uhr.

Und DANACH habe ich mir ein paar Schweine geleast, aber ich sag' nicht von welcher Partei.

Nein, im Ernst: Ich wollte endlich mal eine Ökolederhose tragen, von frei grunzenden Schweinen; aber natürlich erst, wenn die Borstenviecher an Altersschwäche ... Sie wissen schon. Aber die Schweine sterben einfach nicht!

Als Letztes hab' ich in eine Bank investiert. Und DAS war – ob Sie's glauben oder was – eine Parkbank. Ja, steht auch mein Name drauf.

Bringt aber keine Rendite. Die ... die wirft überhaupt nichts ab, nicht einmal Blätter. Da hätte sie doch lieber ein Baum bleiben sollen.

Sie merken schon: Ich bin am Ende.

Verwandt schafft

Einmal im Jahr gibt es bei uns eine Familienfehde … -fete.

Diese Feiern, bei denen man solange gefragt wird: »Na, was willst du denn mal werden?« Jedesmal denke ich hinterher: ›Das war das letzte Mal!‹

Jedesmal erhole ich mich und vergesse! Und jedesmal denke ich dann elfeinhalb Monate später: ›Na gut. Einmal geh' ich noch hin zur *VerwandschaftsKlatsch-undTratschParty.*‹

Tja, und dann sind sie alle wieder da und reden im Wesentlichen immer das gleiche.

– Onkel Hartmut sagt immer noch: »Mann, bist du aber groß geworden«, und findet das unglaublich komisch. Ich find's nur unglaublich.

– Tante Elsbeth, die immer fragt: »Willst du nicht endlich mal was Anständiges arbeiten?«

– Tante Teresa, die zu der Sorte Mensch gehört, bei der selbst Reinhold Beckmann und Johannes B. Kerner eine Klatsche kriegen würden.

Sie plappert A-LLES nach:

»Du, wir haben Urlaub im Süden gemacht.«
»Ihr habt Urlaub im Süden gemacht?«
»Ja.«

»Ja???«
»In Spanien.«
»In Spanien???«
»Und wo seid IHR gewesen?«
»Wo wir gewesen sind???«
»Ja.«
»Ja???«
»Wieder in Schweden, was?«
Wieder in Schweden, was … für ein Krampf!!!
Wie gerne würde ich sagen:
»Es ist unerträglich!«
»Es ist unerträglich???«
»Ich bringe dich gleich um.«
»Ich bringe dich gleich um???«
AAAAAH!!!
– Dann natürlich: Onkel Jürgen und Tante Julia, die haben sich so lieb, dass einem ganz schlecht wird.
– Oma Käthe, die eigentlich ganz lieb ist und bestimmt NUR wahnsinnig geworden ist, damit sie sich nicht mehr mit der Familie unterhalten muss.
– Cousine Kerstin ist eigentlich immer schlecht zuwege und beschäftigt damit die halbe Verwandtschaft; die andere Hälfte muss sich das Gejammer anhören.
Sie wiegt 300 Pfund, was für Leute mit einer Körper-

größe von zwei Meter 60 auch okay wäre. – Leider fehlt ihr der entscheidende Meter.

Das Problem ist aber gar nicht ihre Fülle, sondern, dass sie alles in sich hineinstopft.

Auch das, was sich andere gerade vom Buffet auf ein Tellerchen getan haben:

In einem unbeobachteten Moment schnappt sie sich was von deinem Teller.

Wenig später sagt sie jedem, der es nicht hören will: »Mir is' schlecht.« Diese Phasen dauern maximal 17 Minuten, dann kommt der nächste Gang.

Vielen Familienmitgliedern hab' ich einen Spitznamen verpasst, der im Grunde das Wichtigste beschreibt: Vetter *Besserwisser*, Onkel *Baumarkt*, Cousine *Phlegma*, Opa *Jawoll*, Tante *Ichversteh'garnichtwiesoeuerJüngsterarbeitslosistundjetztauchnochDrogennimmtdaskönnteunsererBettinanichtpassieren*, Cousine *Großmaul*, Cousin *Kleinhirn* und die selbsternannten *IQ-Brothers*.

Was ich übrigens am meisten auf diesen Feiern hasse: Die Generation meiner Eltern muss den ganzen Abend verbreiten, was IHRE Kinder alles so geschafft haben.

»Unser Andy hat jetzt sein Jurastudium beendet.«

»Unsere Gabi ist mit dem Medizinstudium fertig.«

»Unser Andy, der geht jetzt nach München.«

»Unsere Gabi hat eine Stelle in Amerika.«

»Unser Andy hat uns 'ne Reise nach Irland geschenkt.«

»Unsere Gabi …«

AAAAAH noch mal!!! Das ertrag ich nur mit Fantasie und Fanta-Weinbrand.

»Unser Andy heiratet.«

»Unsere Gabi lässt sich scheiden.«

»Andy geht fremd.«

»Gabi hat drei Lover.«

»Andy zahlt Alimente.«

»Gabi kriegt welche und ist wieder frei.«

»Andy ist freier!«

»Ja, von Gabi.«

Tatsächlich geht es viel sachlicher zu bei diesem *HöherschnellerweiterschlauerSpiel*.

Na ja, is' jetzt nich' so, dass unsere Familie nur aus Idioten, Spinnern, Angebern und Besserwissern besteht.

Nein, nein: Einige haben auch 'ne RICHTIGE Klatsche.

BerBuBö

Mag ja sein, dass Politiker viel arbeiten, aber effektiv – wie in der freien Wirtschaft – kommt es mir oft nicht vor. Deshalb möchte ich mal ‚was vorschlagen: Ich finde, man sollte den Deutschen Bundestag umwandeln, also aus der jetzigen GmbA, der Gesellschaft mit beschränkten Abgeordneten, eine Aktiengesellschaft machen. Aber PSSSST noch nicht weitersagen, jedenfalls keinem Politiker.

Ich stelle mir das so vor: Wir würden alle noch mal ganz von vorn anfangen und zwar nicht mit 40 Mark oder 40 Euro, sondern mit 40 Aktien. Jede Aktie wäre ein Bruchteil von einem Politiker. Sie bekämen dann je eine Aktie von Ihren 40 Favoriten. Also, na sagen wir mal ein 59.800.000stel Guido Westerwelle oder eine Angela Merkel-Aktie.

Jeder Politiker hätte einen Nennwert, also einen Anfangswert von fünf Euro und könnte an der BerBuBö, sprich an der Berliner Bundestagsbörse, gehandelt werden.

Damit sich die Reichen nicht einen ganzen Bundestagsabgeordneten kaufen, wäre es angebracht, eine Aktienhöchstbegrenzung einzuführen.

Sagen wir jeder dürfte maximal 120 Aktien besitzen und von einem einzigen Politiker höchstens 20. Würde ein Abgeordneter aufgrund der geringen Nachfrage unter einen halben Euro rutschen, so käme eine 49 Cent-Klausel zum Tragen, die besagt, dass sich der betreffende Politiker nun einer anderen Aufgabe widmen darf. In diesem Fall würde es junge, also neue Aktien verschiedener Kandidaten verschiedener Parteien geben, und in die Firma *Bundestag AG* zöge ein, wer sich am besten verkauft.

Sagen Sie selbst: Das wäre doch nicht schlecht, wenn zum Beispiel ... Bundeskanzlerin Merkel ... ph ... sich zu wenig für Vollbeschäftigung einsetzt, dann verkaufen Sie sie einfach.

Seien Sie sicher, dass Merkel das Bundestagsbörsenblatt regelmäßig liest oder wenigstens jemanden kennt, der es liest. Und wenn sie dann erfahren würde, dass sie nur noch 1,43 Euro wert ist, wird sie sich schon überlegen, was sie sagt und vor allem, was sie tut. Sie könnte zwar ihre engsten Freunde und ihren Mann bitten, noch ein bisschen Merkel zu kaufen, aber wahrscheinlich haben die alle schon 20 (ihrer) Wertpapiere und dürfen nicht mehr ... oder wollen auch gar nicht. Anderes Beispiel: Nehmen wir Bundesgesundheitsministerin Ulla Schmidt. Als Sie ihr Amt antrat, dachte man für einen kleinen Augenblick: Och, die ist doch ganz nett.

Und jetzt – nach der Gesundheitsreform und vor den nächsten Gesundheitsreformen hätte sie durchaus Chancen gehabt, rauszufliegen!

Auch Gewerkschaften hätten ganz andere Möglichkeiten: Da würde nicht nur Aufklärung betrieben, gekämpft, diskutiert und demonstriert, da hieß es auch kurz und bündig: Bundeswirtschaftsminister Michael Glos: Verkaufen!

Die Ideen eines Politikers kommen Ihnen nicht mehr sozial, sondern Beck-loppt vor: weg damit!

Oder die liberalen Wester-Wellen schlagen ihnen zu hoch: Abstoßen!

Mal ehrlich – dann würde die Macht doch wirklich vom Volk ausgehen, nicht nur alle vier Jahre, sondern ständig. Das wär' doch mal was Neues, oder?

FaFaFo

Ja, ich hole gerne Essen. Muss manchmal sein: amerikanisches Fast Food.

Meistens möchte man ja – wenn man ein Restaurant aufsucht – in Ruhe mit Messer und Gabel abwechslungsreich essen und trinken.

Manchmal muss es allerdings schnell gehen, und man futtert und schlürft abwechslungslos ohne Messer und Gabel, in aller Unruhe.

Und es schmeckt sogar, wenn man sich Essen im Fast Food-Restaurant bestellt, um es zu Hause zu vertilgen.

Mit einer klitzekleinen Einschränkung: Immer wenn ich am Autoschalter bestelle, stelle ich daheim fest, dass irgendetwas falsch in die Tüte gepackt wurde.

Entweder fehlt 'ne Tüte Pommes oder ein Cheeseburger, oder statt Hamburger Royal TS ist es nur ein Hamburger Royal ohne TS oder die Saucen der Chicken Nuggets sind nicht eingepackt worden, oder es fehlen zwei Tüten Pommes oder zwei Cheeseburger, oder oder oder ....

Ganz ganz ganz selten ist zu viel drin. So gut wie nie finde ich etwas Unbestelltes.

Das Einzige, was zuhauf in die braunen Papiertüten gestopft wird, sind ... na? Richtig! Servietten.

Aber warum? Wollen die Essensgeber mir damit sagen:
»Hey, tut uns leid, dass da ein Whopper fehlt, aber
Sie können ja noch die eine oder andere Serviette
naschen!«???

Die wichtigste Frage aber lautet: »Weshalb bekomme
gerade ich so oft falsches Food?«

Liegt es an mir oder an denen?

Liegt es an meinem Bart, meinem Zopf oder daran,
dass ich Augenringe habe oder Stinkerfüße? Und wenn
ja: Woher wissen die das?

Ich habe ja den Verdacht, dass die Angestellten das mit
voller Absicht machen.

Ich werde von einer versteckten Kamera gefilmt, die
hocken alle vor einem Bildschirm und denken:

»Da kommt ja wieder der Bekloppte!«

Ich bestelle einen Whopper mit Käse und schon packt
mir jemand 'ne Tüte Pommes ein. Ich sage Milchshake
Vanille, die wollen Cola verstehen und lachen sich
schlapp.

Nachdem ich bezahlt habe, fahren die wahrscheinlich
hinter mir her, filmen mich bis ins Wohnzimmer, wo ich
auspacke.

Und in ihrem nächsten Schnellimbiss-McFortbildungs-
kurs zeigen sie das Filmchen als Beleg dafür, dass
Kunden noch dümmer sind als der Fast Food-Gott,

»Master Wimpy Mc Kiefertburger«, je angenommen hätte.

Nun denken Sie vielleicht: ›Warum guckt der Idiot nicht einfach gleich am zweiten Schalter in die Tüte, um nachzuschauen, ob das Bestellte drin ist?‹

Mach' ich ja auch hin und wieder. Und dann ist es korrekt eingepackt! Immer!

Worauf ich das Kontrollieren nach zwei, spätestens drei Wochen wieder vernachlässige oder vergesse. Und genau dann fehlt wieder was!

Möglicherweise müssen die Angestellten auf diese Weise ihr Weihnachtsgeld verdienen:

Wenn alle Kunden ab – sagen wir acht Euro – ein Teil weniger bekommen, dann kommt ganz schön was zusammen, selbst wenn jeder Dritte sich beschwert und das fehlende Essen sowie eine Portion Pommes extra bekommt.

Oder ist das alles ganz anders?

Bei McD. sitzt der eine oder andere Burger K.-Spion, gibt absichtlich falsches Food heraus, damit die Kunden sauer werden und nächstes Mal bei Burger K. vorfahren?!?

Dummerweise sitzen bei Burger K. auch McD.-Spione. Hin und wieder fliegt – wie in der richtigen Agentenwelt – jemand auf, wird enttarnt (und von der Konkurrenz freigekauft). Und an solch seltenen Tagen bekommt der geneppte Kunde noch drei Cheeseburger und fünf Milchshakes umsonst!

Das hab' ich auch schon miterlebt, mehrere Male sogar!

Das waren ausnahmslos Kunden direkt vor mir!

Zunehmend abnehmen

Eigentlich will ich ins Freibad.

Nachdem ich verzweifelt versuche, die Badehose über meine Beine hinaus hochzuziehen, stolpere ich über meine Personenwaage und habe den unwiderstehlichen Drang, mich auf sie zu stellen. Kurz bevor ich benommen zu Boden stürze, lese ich eine fantastische Zahl: 111 Kilo.

Aber was bin ich für ein Narr! Man wiegt sich doch ohne Kleidung. Also ziehe ich meinen Slip aus und wiege mich erneut. Keine Änderung.

Mein Entschluss: Ich muss abnehmen. Als Erstes gehe ich zum Frisör, um mir eine Glatze schneiden zu lassen. Danach schneide ich mir Finger- und Fußnägel so kurz, dass die Nagelbetten freigelegt sind. Damit komme ich nicht annähernd auf 110 Kilo.

Ich besorge mir einen Haufen Frauenzeitschriften und finde dort sehr interessante Anregungen, zum Beispiel die Sherry-Diät:

In den ersten Tagen nehmen sie morgens 100 Gramm Chester-Käse und einen Dry-Sherry zu sich. Mittags dürfen sie 100 Gramm Tartar essen, dazu zwei Glas Sherry. Abends können Sie neben 100 Gramm Käse dry Glas Sherry trinken. Wenn Sie sich nach vier Tagen fit genug fühlen, verzichten Sie zunächst auf den Käse und trinken dafür morgens und abends die dreifache Menge Sherry. Später lassen Sie auch das Mett weg und ersetzen es durch dry bis vier Sherry. Nach zwei Wochen wiegen sie 10 Kilogramm weniger und sind ständig im Delirium, deshalb sollten Sie diese Diät nach 20 Tagen abbrechen, sonst in Dryteufelsnamen ist für Sie alles zu spät.

Für Leute, die keinen Sherry mögen, empfiehlt sich die Meerwasser-Diät. Jede Mahlzeit wird mit einem großen Glas lauwarmer Salzwasserlösung abgerundet. Sie können sich beim Essen ruhig übernehmen, da Sie sich später ja übergeben.

Solche Schlankheitskuren kommen für mich nicht in Frage, und so entscheide ich mich für die Friss-die-Hälfte-Diät. Diese Abmagerungskur erfordert ein besonderes Durchhaltevermögen, denn Sie dürfen zwar von allem essen, aber eben nur 50 Prozent. Ein Schnitzel oder eine Schneemustorte zu teilen, fällt nicht schwer, aber überlegen Sie mal den Aufwand: Jede Erdbeere, jede Perlzwiebel, jede Erbse muss halbiert werden.

In der ersten Zeit fühle ich mich spürbar erleichtert, doch bereits nach vier Stunden beginnen meine Hände zu zittern.

Aber ich gebe nicht auf. Im Gegenteil: Um Pfunde zu verlieren, jogge ich täglich drei Stunden durch den Bürgerpark, und abends spiele ich zwei Stunden Tischtennis.

Diesen Tagesablauf ertrage ich ohne ernsthafte Beschwerden exakt 42 Tage und sieben Stunden. Im Laufe der sieben Wochen plagen mich vor allem Kopfschmerzen, die sich von Tag zu Tag verstärken. Ein Schwindelgefühl stellt sich ein, es wird begleitet von fiesen Augenschmerzen.

Diese Symptome werden am 71. Tag durch Magenkrämpfe, Fieber und Brechreiz ergänzt, sodass ich an mein Bett gefesselt bin. Zwei Tage später kann ich keine feste Nahrung mehr zu mir nehmen. Mit großer Anstrengung krieche ich auf allen vieren zum Badezimmer, hocke mich auf die Personenwaage und lese, kurz bevor ich mein Bewusstsein verliere: 57 Kilogramm!

Am 84. Tag meiner Abmagerungskur sterbe ich als dünner Hering.

 ## Service-Taxi

Taxi. Taxi! TAXI! ... ist mein Thema. Es gibt heute eine Pressemitteilung vom Taxi-Ruf Bremen, in der steht: »Haben sich nicht schon etliche Fahrgäste in der Vergangenheit mit unfreundlichen, nicht hilfsbereiten Taxifahrern in vielleicht schmutzigen Taxen herumärgern müssen?«
»Ja, ja, ja«, sage ich, sonst würde es diese Pressekonferenz nicht geben.
Übrigens nicht falsch verstehen: Meistens bin ich als Taxi-Kunde zufrieden, aber manchmal ... Also die Manchmale merkt man sich einfach besser.
Weiter heißt es: »Damit ist jetzt Schluss! Der Taxi-Ruf stellt seinen Kunden ab Ende Oktober 2003 zum gleichen Fahrpreis, wenn telefonisch gewünscht, ein Service-Taxi mit einem Qualitätsmindeststandard von Fahrzeug und Fahrer zur Verfügung.« Häh?
Da stellen sich Fragen über Fragen.
Womit bin ich bisher gefahren? Mit Dreckschleudern und Schlampen?
Gab's bisher keinen Qualitätsmindeststandard? Gab's einen Qualitätshöchststandard, der um Gottes Willen nicht überschritten werden sollte. War das gar kein Zufall, dass ich bisher vor jedem dritten Taxifahrer

Angst hatte? Jedem zweiten erklären musste, wie er nach Hause kommt ... zu sich nach Hause. Ganz zu schweigen vom Weg zu mir nach Hause?

Und: Was ist Qualitätsmindeststandard? Vier Räder? Ein Lenkrad? Ein Fahrer, der einem erklären kann, wie ich mein Gepäck in den Kofferraum bekomme? Fahrer, die entweder gar nicht reden oder einem ein Ohr abkauen? Windschutzscheiben auch hinten?

Ja, was ist Qualitätsmindeststandard? Also, mein Mindeststandardgefühl beim Einsteigen war: Angst. Das liegt vielleicht an meinen vielen Drei-Euro-Strecken. Jedes Mal denke ich: ›Wenn ich jetzt aussteige, dann bringt mich der Fahrer um. Mit Glück bringt er mich um, b e v o r ich bezahl‹, denke ich. Is' ja noch nie passiert. Nicht falsch verstehen, liebe Taxifahrer, nicht IHR seid gemeint, sondern die anderen!

Was steht hier noch: »zum gleichen Fahrpreis« – sogar fett gedruckt. Also muss ich – wenn ich das nächste Mal ein Taxi ruf' – sagen: »Hallo ich hätte gerne ein freundlichen, hilfsbereiten Taxifahrer in einem sauberen Taxi, in dem ich mich nicht ärgern muss, äh zum gleichen Fahrpreis. Ich glaube, wenn ich das sage, kommen von der Taxi-Zentrale Fragen, die mir Angst machen.

Da steht übrigens »zum gleichen Fahrpreis, wenn telefonisch erwünscht, ein Service-Taxi«.

Moment: Wenn telefonisch erwünscht zum gleichen Fahrpreis? Und wenn nicht, wird's teurer?

Oh, was steht da: »Mit unserem Schlüsselservice erhalten Sie in kürzester Zeit Ihren bei uns deponierten Originalschlüssel zu jeder Tages- und Nachtzeit zurück.« Aber wahrscheinlich ist der in Hannover deponiert, und ich muss die Fahrt bis dahin und zurück bezahlen, darf dafür aber mitfahren.

So, jetzt bin ich mal gespannt, ob mich überhaupt noch ein Taxi mitnimmt.

Ich habe schon jetzt Angst.

 **Witz-Mobbing**

Witzigkeit kennt keine Grenzen? Von wegen! Da müssten Sie meinen Kollegen mal kennenlernen. Der hat schon vor der Kaffeepause zehn Frühstückswitze abgesondert. Etwa so: »Kommt 'ne Blondine zum Bäcker …« Dann fang' ich vorsorglich an zu lachen, weil ich nicht die Pointe verpasse möchte. Ich hab' mir dieses natürliche Lachen vom dezenten *Hihihi* bis zum *HRK, HRK, HRK* Erstickungswiehern selbst beigebracht. Und dann hab' ich mir extra für Peter so ein Grundschmunzeln zugelegt. Wie sagte Woody Allen mal: »Lange halte ich dieses Grinsen nicht mehr aus.«
Was total nervend ist: Nachdem er mir zwei Dutzend Witze ins Ohr gesabbert hat, möchte Peter einen Witz von MIR hören, und ich stammele: »Äh …, woran erkennt man, dass eine Blondine an der Schreibmaschine … nee, am Computer mit Tipp-Ex ge… ach, SHIT! Und schon hab' ich den Gag kaputt gemacht. Macht aber nichts, weil er sowieso vorher sagt: »Kenn' ich, kenn' ich; der is' doch alt'.«
Also noch mal: »Schröder, Bush und Jelz… Putin sind im Schwimmbad …« Sofort sagt er: »Ich weiß, ich weiß. Ein gutes Pils braucht sieben Minuten.«
Dann er wieder.: »Stehen 17 Mantafahrer vorm Kino.

Kommt ein Taxifahrer vorbei und fragt: ›Warum geht ihr nicht rein?‹ Antwortet ein Mantafahrer: ›Der Film ist erst ab 18.‹

Ich: »Ha, ha, ha, ha, ha!« Er: »Frage an Radio Eriwan: ›Warum beantworten Sie jede Frage mit einer Gegenfrage?‹ Antwort Radio Eriwan: ›Warum nicht?‹«

Ich: »Hohoho.«

Er: »Alle schauen in das brennende Haus, nur nicht Klaus, der schaut raus.« Ich (gequält): »HAH.«

Ich weiß, warum sich Leute manchmal totlachen: Das ist die Erlösung!

Ich finde ja, Peters Witze-Geblubber, das ist modernes Mobbing! Ja! Spaß-Terror am Arbeitsplatz. Aber versuchen Sie mal, DAS dem Betriebsrat klar zu machen. Nee, da muss man sich selbst wehren. Aber wie? Mit noch schlechteren Witzen? Das geht gar nicht!

Neulich quatscht er mir die Ohren voll …von seinem Vater, der ins Krankenhaus musste: Blinddarm. Da war wohl alles schiefgelaufen. Der Krankenwagen kam zu spät, baute einen Unfall, dann haben die sich noch verfahren, und am Ende landete der Mann auf der Frauenstation.

Ich musste Tränen lachen. Ausnahmsweise. Leider stimmte die Story.

Und das hat Peter irgendwie verunsichert. Von diesem Tag an, gehe ich aktiv gegen ihn vor. Einmal wette ich mit ihm und sage: »Wetten um zehn Euro, dass du es nicht schaffst, eine Woche keine Witze zu machen?« Er schlägt ein, lacht lauthals los, zückt sein Portemonnaie und überreicht mir feierlich das Geld mit den Worten: »Das war's mir wert.«

Ich hab's sogar mit erfundenen Zeitungsberichten versucht: »Amerikanische Forscher«, sage ich, »haben festgestellt, dass Menschen, die andauernd Jokes verbreiten, keinen Erfolg im Beruf und eine niedrigere Lebenserwartung haben und häufig bereits in jungen Jahren impotent werden. Außerdem zeigt eine Studie, dass die brutalsten Amokläufer überdurchschnittlich oft unauffällige, mittelgroße Witze-Erzähler sind.«

Hat nichts gebracht.

Mit einer Sache hab' ich ihn dann doch noch mundtot gemacht. Und zwar hab' ich ihm einen blöden Witz erzählt. Ja! EINEN! Jeden Tag!!! Montag: »Kommt ein Kunde zum Schlachter und sagt: ›Zwei Pfund Mett bitte.‹ Sagt der Schlachter: ›Das heißt Kilo.‹ Darauf der Kunde: ›Wie? Nicht mehr Mett?‹« Dienstag: »Pass' auf, Peter: Da geht ein Mädchen zum Wurstwaren-Fachverkäufer, näh. Und dort bestellt er zwei Pfund Mett, worauf der Wurstwarenverkäufer erklärt: ›Das heißt

Kilo.‹ Und da erwidert das Mädchen: ›Wie, nicht mehr Mett?‹«

Mittwoch: »Ein Mann geht in einen Supermarkt. Muss noch Fleisch und Wurst kaufen. Der geht also an die Fleischtheke und bestellt bei der Verkäuferin zwei Pfund Mett. Und jetzt kommt der Gag. Ja also, da sagt doch die Verkäuferin: ›Das heißt Kilo.‹ Und jetzt halt Dich fest. Da entgegnet der Mann: ›Wie? Nicht mehr Mett?‹«

Was soll ich sagen. Nach einen knappen Woche war er kuriert!

Renovieren, öko und selbst

Ja, wir haben renoviert – ökologisch UND ganz alleine! Im Bad haben wir als Erstes den Spülkasten erneuert, das spart 3,5 Liter pro Spülung, das sind durchschnittlich 50 Liter am Tag, macht 18.250 Liter im Jahr, also in zehn Jahren 182,5 Kubikmeter, in 100 Jahren 1.825 Kubikmeter! Wahnsinn, was?!
Den Heizkörper haben wir rausgeschmissen. Wir verbrennen jetzt einfach Altpapier auf dem alten Grillgerät. Brandgefahr besteht nicht, schließlich ist das Badezimmer gekachelt und Löschwasser wäre auch da. Wir haben auch das *Wanne-in-Wanne-System* eingebaut, also eine kleine, neue in die große, alte Wanne. Das hat uns so gut gefallen, dass wir auch *Waschbecken-in-Waschbecken* installiert haben und – unsere Erfindung – *Kloschüssel-in-Kloschüssel*. Tja, die Küche. Da waren wir uns nicht einig: Regina wollte Korkbelag, weil ästhetisch, behaglich und fußfreundlich, und ich wollte Poly-Dingsda ... äh ... Kunststoffboden, weil ästhetisch, behaglich und fußfreundlich. Also haben wir sowohl Kork als auch Kunststoff in handliche Quadrate – so zehn mal zehn Zentimeter – geschnitten und sie im Wechsel genagelt.

Und die Küchenwände: Da war uns eingefallen, dass wir alles Nötige ja sowieso in der Küche haben. Gesagt, ge... renoviert: Tapeten runterholen mit Steakmessern und einer leicht umgebauten Brotschneidemaschine, Kartoffelpüree mit weniger Milch als vorgesehen anmischen, und diesen Brei mit der Suppenkelle gleichmäßig auf die Wände verteilen, um danach mit der Spaghetti-Zange Struktur reinzubringen, dann noch mit den Keksformen ein paar Muster machen, trocknen lassen, danach Eiweiß drüber, damit alles schön glänzt. Im Schlafzimmer haben wir uns für Linoleum entschieden, mit Fußbodenheizung. Das ist so super nach unserem Geschmack geworden, dass wir auf diese Weise auch die Schlafzimmerdecke ökologisch renoviert haben.

Die Tür in unserem Schlafzimmer musste ebenfalls neu gemacht werden, ging nicht mehr zu. Ich hab' mir von einem Freund so einen Elektro-Hobel geliehen: hypermodern, einmal einstellen, läuft von selbst, leise und staubfrei. Ja, da kann man in der Zwischenzeit Kaffee trinken.

Was man nicht tun sollte: Den Kaffee bei Freunden am anderen Ende der Stadt trinken und den Hyper-Hobel vergessen. Um es kurz zu machen: Auch wenn die Tür jetzt geschlossen ist, kann die Katze unten durch.

Und der Hund. Im Grunde bin ich der Einzige in der Familie, der nicht drunter durchkrabbeln kann.

Unser Wohnzimmer ist seit Neuestem besonders bio- und öko-, wahrscheinlich sogar techno-logisch: Im Fachhandel erkundigten wir uns nach strapazierfähigem Rasen. Der Verkäufer empfahl die 3-R-Wiese, robusten Resistenz-Rasen, und meinte: »Gut aussäen ist ganz wichtig.« Worauf ich entgegnete: »Wieso, ich seh' doch gut aus.« (Mein blödes, nachgesetztes Lachen verbesserte seine Laune nur unwesentlich.)

Alle Wohnzimmerwände und die Decke haben wir mit Solarzellen versehen. Bringt aber längst nicht so viel Strom, wie man meint. Aber immerhin: Wir haben es dadurch geschafft, dass das Klospülwasser jetzt 43 Grad warm ist, wenn alle Lampen und Leuchten im Wohnzimmer angeschaltet sind.

Und damit waren die ÖkologieselbstRenovierungsarbeiten abgeschlossen. Joh, und ... äh ... Wohnzimmerfenster, dazu konnten wir uns immer noch nicht durchringen.

Haarige Grauzonen

Eines Tages erblickte ich auf der anderen Seite des Flurspiegels einen feinen, seltsamen Glanz. Ein silbrig schimmernder Faden schmückte mein Haupt. Um ihn mir näher anzusehen, wollte ich ihn entfernen und AUTSCH! Es war mein erstes graues Haar.
Seitdem entwurzelte ich 212 mal mein erstes graues Haar.
Aber es half nichts: Ich ergraute und mir graute. Ich konnte mir doch nicht sämtliche Haare einzeln rausreißen. Schon damals hätten diese sorgsam entfernten Fremdkörper für eine Puppenfrisur oder eine Echthaarperücke gereicht. Aber wer will schon eine grauhaarige Babypuppe oder einen grauen Haarersatz?
Als sich meine Grauwerte weiter erhöhten, spielte ich mit dem Gedanken, mir eine Mütze zuzulegen oder einen Schleier ... na, Sie wissen schon, so'n Grauschleier.
Dann aber kam die Ernüchterung: Andere Leute könnten glauben, ich würde nicht meine grauen Haare verbergen, sondern eine Halbglatze.
Ich suchte Andreas auf. Der hat schließlich Medizin studiert und konnte mir bestimmt mittels Translation diverser Fachtermini ... diesen Decolorierungsprozess

transparent machen. Er konstatierte: »Alter, Du wirst grau.«

»Grau«, versuchte er später, mich zu trösten, »macht interessant.«

Mal ehrlich: Wer möchte interessanter aussehen, dafür aber auf der Straße als Opa angequatscht werden? Eben.

Bei der Verabredung drückte mir Andreas einen Zettel in die Hand. Darauf waren nicht etwa ein paar medizinische Tipps aufgelistet, sondern zwei Dutzend Altersheime. Ich warf ihn weg.

Am selben Abend meinte Regina: »Du hast doch sehr schöne …«

»Ja, was denn?«, funkte ich neugierig dazwischen.

»Augengrauen«, beendete sie.

Grau. Grau! GRAU! Allein dieses Wort: GRAU-sam, GRAU-enhaft!

Bevor die Grauzonen auf meinem Kopf überhand nahmen, beschloss ich, eine Fachbuchhandlung für graumelierte Menschen aufzusuchen. ICH FIEL NICHT AUF!

Die Kassiererin fragte mich, ob ich der *G.E.G.* angehöre. Als Mitglied der *Graue Eminenz Gesellschaft mbH* (sprich: mit beschränkter Haarfarbe) verließ ich das Geschäft mit dem Buch »Mein grauer Alltag«

(von Steven Siverhead). Darin wird unter anderem beschrieben, dass graue Haare auch hektik- und stressbedingt sein können. Danach dürfte ich überhaupt keine grauen Haare haben. »HEKTIK! STRESS! GEREIZTHEIT! ALLES FREMDWÖRTER FÜR MICH«, schrie ich vor mich hin.

Außerdem habe ich mir letztes Jahr noch mal klargemacht, dass Dickere wie ich gemütlich sind. Seitdem bin ich zwölf Kilo gemütlicher geworden.

Das Buch schenkte ich meinen Eltern, nachdem wir gemeinsam griechisch essen waren. Danach speisten wir in der Öffentlichkeit nie wieder zusammen. Ich hatte Angst: Würden die Leute erkennen, wer Vater und wer Sohn war?

Ich schlich zum Frisör, um meine ursprünglich braunen Haare wieder hairzustylen. Als ich ihm jedoch sagte, das Färben einiger hundert Haare sei ja wohl günstiger als das eines ganzen Haarschopfes, schmiss er mich raus.

Dann fiel es mir wie Schuppen aus den grauen Haaren: Ich muss mir den Haarfrust von der Seele schreiben. Und das werde ich jetzt auch tun. Einen Titel habe ich bereits: »Das Grauen«.

Urlaubsnotizen

Dienstag, 31. Juli:
in Barcelona gelandet. Habe mir von dem Flugzeug ein aufblasbares Modell gekauft, das bereits jetzt Luft verliert. Gut, dass uns das nicht im richtigen Flugzeug passiert ist.

Mittwoch, 1. August:
Die handgefertigten Kastagnetten werden – was ich erst im Hotelzimmer nach dem Auspacken bemerke – in Taiwan hergestellt. Ich wusste gar nicht, dass dort Spanier leben.

Donnerstag, 2. August:
Die Bluse vom *Original Spanish Flea Market* hat ein paar kleine Olivenflecken, die wir beim Kauf übersehen hatten. – Nach dem Waschen ist sie so klein, dass wir schon jetzt ein Mitbringsel für den vierjährigen Nachbarssohn haben. Der trägt gerne Klamotten, die knapp sitzen.

Freitag, 3. August:
Der Folklore-Abend mit Juan und Maria ist sehr schön. Flamenco-Tänzer Juan entpuppt sich allerdings als Gastarbeiter aus Gelsenkirchen.

Samstag, 4. August:
Während der Delfin-Tour sehen wir eine Menge …

Möwen, Seeigel und allerlei Algen und die Folgen 37 bis 41 der TV-Serie »Flipper«.

Sonntag, 5. August:

Heute Morgen ist die Freude groß: Endlich beginnt die Gaudi-Tour. Gaudí ist einer unserer Lieblingskünstler. Wir ahnen nicht, dass es sich um einen bayrischen Witzeabend handelt.

Montag, 6. August:

Das Schloss des Safes ist sehr sicher und so gesehen ein guter Aufbewahrungsort für unseren Schmuck, den Camcorder und das Bargeld. Wunderbar, so ein Safe. Unglücklicherweise ist er portabel.

Dienstag, 7. August:

Heute ziehen wir – wie geplant – um nach Benidorm, Hotel *Sol y Mar* mit Blick aufs Meer. Tatsächlich kann man das Mittelmeer sehen … wenn man auf die Klobrille steigt, auf die Klobrille der Toilette der Hotelnachbarn.

Mittwoch, 8. August:

Die heute Morgen gekaufte, durchsichtige, modisch geformte Luftmatratze wird von einem wahrscheinlich gemeingefährlichen Stichling (oder so) zerstört.

Donnerstag, 9. August:

Auf dem Hippie- bzw. Kunsthandwerkermarkt machen wir ein Schnäppchen: Eine lustige Ebenholzpuppe, wahrscheinlich 19. Jahrhundert. Wir hätten sie allerdings nicht gekauft, wenn wir vorher im Hypermercado (Supermarkt) gewesen wären: Dort gibt es täuschend ähnliche Puppen im Sixpack, zum halben Preis.

Freitag, 10. August:

Die Reisegesellschaft hatte sich im Prospekt verdruckt: Es hätte nicht heißen sollen *einsame Strände*, sondern *einsame Quadratmeter.* Was schon eher hinkommt: *vielfältige Flora und Fauna,* Disteln am Strand, Feuerquallen im Meer, Mücken an der Wand und noch mehr Fauna in unserem Badezimmer … ganz weit unten.

Samstag, 11. August:

Überraschenderweise Abreisetag. Wir waren der Auffassung, dass wir was ganz Günstiges gewählt hatten: 14 Tage buchen, zwölf Tage zahlen. – War aber umgekehrt !

Meister des Schatzes

Die Geschichte der Schatzmeister ist eine Geschichte voller Missverständnisse. Ja, keiner weiß das besser als ich, denn ich bin zwar als Redakteur ein kleines Licht, nicht aber im Verein.

Das mal gleich vorweg: Ich bin der Meinung, dass nicht irgendein dahergelaufener Schnösel einfach Schatzmeister werden darf, nur weil er im richtigen Leben Bankkaufmann, Versicherungsvertreter oder Finanzminister ist.

Meine Kariere begann im *Verein der Leute, die die Wohnung und das Vereinsheim ständig wechseln*, kurz *VdL, dd WudV sw*. Da durfte ich die nicht alkoholischen Getränke ausschenken und kassieren.

Meine Abrechnungen, die stimmten aber auf Heller und Cent.

Ich hab' den Verein unfreiwillig verlassen. Also gut, genau genommen war er unbekannt verzogen.

Danach gehörte ich dem *Club der toten Abdichter* an. Wir bemühten uns, aus unbekannten Klempnern prominente Installateure zu machen.

Eines Tages fehlte Geld in der Vereinskasse. Allem Anschein nach hatte jemand zehn Euro 23 mitgehen

lassen. Da hab' ich bei einem geselligen Beisammensein mal auf den Putz gehauen und gesagt: »Wenn – liebe Klempnerfreundinnen und –freunde, wenn das jeder machen würde, jeder der 53 Mitglieder, ja, wenn das wirklich jeder einfach so machen würde, dann … ja also dann … würden 542 Euro 19 in der Kasse fehlen.
Damit stieg ich zum Helfershelfer der rechten Hand des stellvertretenden Schatzmeistervertreters auf.
Jaaah, also gut: Später stellte sich raus, dass der Schatzmeister sich verzählt hatte und in der Kasse lediglich 3 Cent (in Worten: drei Cent) zu wenig waren. Aber immerhin. Ich sag' immer: »Haben oder nicht haben sind schon 6 (sechs) Cent.«
Nun, ich will meinen Aufstieg abkürzen:
Zum zweiten stellvertretenden Schatzmeister wurde ich im *Verein zur Rettung linksdrehender Milchsäurebakterien.*
Richtiger Stellvertreter war ich später im *Lyrische Anrufbeantworter-Texte e.V.*
Und heute bin ich Schatzmeister des *Bremischen Clubs der Freunde der Schreibmaschinen der älteren Generation …äh, der die das Display noch nicht haben e.V..*
(Ja, das *äh* gehört zum Vereinsnamen.)
Ohne mich läuft hier nichts! Mit mir auch nicht! Häh häh! Ich bin knallhart! Da hat doch tatsächlich neulich

der Klaus-Peter einhundert Seiten feines, holzfreies Schreibmaschinenpapier auf Vereinskosten kaufen wollen! Ich mein', an sich okay. Aber er hat es privat benutzt.

Woher ich das weiß? Klaus-Peter hat schriftlich um Rückerstattung der 9,80 Euro gebeten, auf besagtem Briefpapier. Dieser Dussel! Vereinsmitglied ist der die längste Zeit gewesen.

Übrigens: Ich hab' letztes Jahr die Vereinsbeiträge erhöht, von 50 Euro jährlich auf 55 Euro monatlich. Ja, neue alte Schreibmaschinen kosten! Und ein Schreibmaschinenverein ohne Schreibmaschinen ist eine *Tabu* ohne *lator*, sag' ich immer.

Ich weiß, was Sie denken: »Bei dem Verein wär' ich schon längst ausgetreten.«

Schwer möglich bei einer 25-jährigen Kündigungsfrist.

Warum ich als Meister des Schatzes wieder und wieder wiedergewählt werde? Ganz einfach:

1. war der Vorherige nicht so liberal wie ich.
2. gebe ich immer mal ein Bier aus und
3. besagt § 17 der Vereinssatzung: »Schatzmeister können nur einstimmig vom Vereinsvorstand abgewählt werden. Ständiges Mitglied des Vereinsvorstandes ist der Schatzmeister.«

Na, wo brennt's denn?

»Sehr geehrte Brandschutzfreundinnen und Brandschutzfreunde liebe Feuerlöscher!
Es freut mich, hier und heute am *Tag des bremischen Brandschutzes unter besonderer Berücksichtigung häuslicher Feuer*, kurz *TdbBubBhF*, vor Ihnen sprechen zu dürfen.
Zunächst möchte ich Sie fragen: Na, wo brennt's denn? Haha! Nun, hoffentlich nirgendwo. Für den Fall, dass doch ein Feuer in der Wohnung ausbricht, ein paar Tipps:
Man kann zum Beispiel in allen Zimmern feuerfeste Salbe an die Wände schmieren, Brandschutzsalbe.
Es gibt aber auch andere Möglichkeiten, beispielsweise: eine Dusche in jedem Wohnraum. Dann hat man immer schnell Löschwasser. Darüber hinaus kann man beim Duschen kochen, fernsehen, bügeln, Dias gucken, oder umgekehrt kann man beispielsweise beim Essen zwischen Hauptgericht und Nachtisch duschen!
Und: Bringen Sie in ihren vier Wänden ganz viele Schilder mit Notausgangspfeilen an, in Augenhöhe, und - falls Sie stolpern, fallen und kriechen müssen - auch in Dackelhöhe. Doch gehen wir die Drei-Zimmer-Wohnung Zimmer für Zimmer durch.

Die Küche: Sie kochen mit Gas, kommen mit der Schürze an die Flamme, Ihnen brennt quasi der Kittel, Sie werden nervös, rennen ins Wohnzimmer, dort fängt die Raufasertapete Feuer, kurz darauf auch die Schrankwand, aus den Gardinen wird eine einzige Feuerwand, die Haarspitzen ihrer schönen langen Haare beginnen zu brennen, und es gelingt Ihnen nur knapp, diese mit der Gießkanne zu löschen, deshalb mein Tipp: Gehen Sie gleich zum Frisör. Ja: Kurzhaarschnitt.
Das Wohnzimmer: Kerzen sollten hier immer gerade stehen: KERZENgerade (hihi), und – wie lang die auch seien – diese Wachsteile sollten immer – so sie denn doch umkippen – ins Wasser fallen. Eine 45 Zentimeter lange Kerze stellen Sie also bitte in die Mitte einer Schüssel mit einem Durchmesser von einem Meter.
Auf das Grillen in der Stube sollten Sie ganz verzichten: Das Gleiche gilt für Schweißarbeiten im Kinderzimmer. Genau! Das Kinderzimmer: ist feuertechnisch gesehen das geringste Problem, solange kein Kind darin wohnt. Leben dort Kinder, so empfehle ich (um die Ausbreitung eines Feuers zu vermeiden): Keine Holzmöbel, keinen Teppich, keine Tapete, kein Holzspielzeug. Kurzum: das *kein-Konzept.*
Das Schlafzimmer: Auch hier lauert Brandgefahr. Wenn ihre Partnerin beispielsweise ganz heiße Reizwä...

na, Sie wissen schon ... und dabei Sambuca schlürft oder Strohrum und Sie sich gerade die Zigarette davor anzünden möchten. FUCHCHCH ... schon haben Sie einen Brand (aber keinen Durst mehr). Mein Tipp hier: Entweder das Rauchen abgewöhnen oder das Trinken oder das ... geht zu weit, okay!

Schlafzimmerbrandgefahr Nummer eins ist natürlich: Mit glimmender Zigarette zwischen den Fingern einschlafen. Da kommt nur eins in Frage: FINGER AB! (Hähähä). Nein, Quatsch! Sie müssen den Glimmstängel – egal, ob auf dem Laken, der Bettdecke oder dem Teppich – immer r i c h t i g ausdrücken. Das erscheint Ihnen jetzt blödsinnig?! IS' ES JA AUCH! Ich wollte nur mal sehen, ob Sie noch aufmerksam lesen. FEUER kann sich bekanntlich nur dort entwickeln, wo Sauerstoff ist. Die Firma Iso-Total hat nun ein System entwickelt, durch das per Knopfdruck der gesamte Wohnraum sauerstofffrei wird. Jetzt müssen die nur noch einen Weg finden, wie die Bewohner rechtzeitig entkommen können. Abschließend noch ein paar hand- und feuerfeste Tipps:

1. Niemals mit dem Streichholz in den Öltank, sonst: BOOM!
2. Niemals Benzin in den Kohleofen, sonst: BOOM!
3. Niemals Kohle in den Öltank, sonst: Klapsmühle.

4. Ach so und noch eins: Blitze schlagen ja nie in Autos ein, weil das ein Faradaykäfig ist, sprich: ein geschlossenes Metallgehäuse. Deshalb: Stellen Sie sich doch einfach einen günstigen Gebrauchtwagen aufs Dach.

Vielen Dank und auf Wiedersehen.«

SMS, T.N.T.: GMMA

Wo bleibt die? Häh? Ja, ich frag' mich wirklich oft:
»Wo bleibt meine Short Message Service (SMS)?«
Genau so oft aber frag' ich mich: »Wo gehen sie hin,
die SMS-Botschaften?«

Aber ... ich muss an einer ganz anderen Stelle anfangen:
Anfang der 90er-Jahre. Da hatte ich mein erstes
Faxgerät. Damals habe ich so viel überflüssiges Zeug
gefaxt ... fast so viel wie ich heute simse.

Aber ... das geht Sie gar nichts an, ja! Meine Sache! In
Ordnung. Okay?! Ich kann so viel Blödsinn faxen wie ich
will. Oder is' das jetzt ein Problem für Sie? Häh? HÄH?
Okay, ich wirke augenblicklich möglicherweise etwas
gereizt. Das kann damit zusammenhängen, dass ich ...
es bin!

Schon damals kamen die Faxe oft nicht an. Irgendwann
habe ich nach jedem Fax noch mal angerufen und
gefragt, ob das Fax angekommen ist.

Ich gebe es zu: Mal hab' ich mich verwählt, mal hatte
ich zuvor eine falsche Telefonnummer notiert, mal
gab's einen Stromausfall, mal hatte sich die Nummer
in der Zwischenzeit geändert, mal versagte das Gerät
nachdem ich mal dagegen getreten hatte, mal, mal, mal
kam's aber auch an, vermute ich.

Und mit dem Simsen gibt's jetzt die gleichen Probleme, das heißt: Sie kommen einfach nicht an.

Wenn sie wenigstens nicht GUT ankommen würden, aber nein, sie kommen – obwohl ich auf dem Display lese: *Nachricht gesendet* – überhaupt nicht zum Empfänger.

Das wirft – wie gesagt – Fragen auf, eine Menge Fragen:

1. Wohin?
2. Wann?
3. Wieso, weshalb, warum nicht?
4. Darf man einen SMS-Empfänger, der nichts empfängt, Empfänger nennen?
5. Bin ich zu blöde für diese Technik?
6. Brauche ich andere Menschen, die mir die Fragen beantworten?

Die Antwort auf all' diese Fragen ... ähm ... kann nicht eine einzige sein; es sind sechs; sie lauten:

1. Ich weiß' es nicht.
2. Ich weiß es nicht.
3. Ich weiß es wirklich nicht.
4. Ja, oder Empfängnisverhüter.
5. Jein.
6. Nein!

Nach langem Überlegen komm' ich zu dem Schluss:

Eine SMS, die losgeschickt wird, aber nicht ankommt, IST NOCH DA, bzw. HIER, und sie verwirrt Stiftung, verstiftet Wirrung, stiftet Verwirrung.

Sie entwickelt ein Eigenleben!

Beispiel 1: Neulich streite ich mich mit einem Freund, schicke ihm gemeine SMS-Texte, um mich danach telefonisch zu entschuldigen.

Wann kommt meine gemeinste SMS an? Genau! Nach meiner Entschuldigung.

Es gibt bis heute keinen Kontakt mehr zwischen ihm und mir.

Beispiel 2: Mein Kollege gesteht einem anderen seine Liebe, und wer bekommt die SMS? Eine dritte Person, weiblichen Geschlechts. Die war ganz überrascht.

Das Ergebnis: 37 SMS, zwölf Telefonate, fünf Streitgespräche, eine Scheidung und eine Reorganisation der gesamten Abteilung.

Beispiel 3: Ich bekomme eine SMS, die der Absender mit Sicherheit nicht mir zukommen lassen wollte, aber die SMS selbst hatte da wohl andere Vorstellungen und PIEP PIEP war sie bei mir:

»Furunkel an Karbunkel: Der Gnu wird bei Vollmond eine Knödeltorte an die digitale Palme kleben.«

Sehr wahrscheinlich ist – und das macht die Sache etwas unheimlich:

Die SMS hat sich auf dem Weg vom Absender zum Adressaten nicht nur überlegt, dass sie etwas Besseres vorhat als direkt über einen Satelliten von A nach B zu düsen, sondern sie hat sich verändert!
Wir *SMSF*, *Short-Message-Service-Forscher*, sprechen hier von *SMS-Genetik-Manipulation* kurz: *SGM*.
In bestimmten Kreisen ist dieses Thema *T.N.T.*, also Sprengstoff in anderen Kreisen ist es *Q.U.A.T.S.C.H.*, sprich: Quatsch.
 Aber Querulanten und Quatschuranten gibt's ja immer.
So, und falls mir jetzt so' n Oberschlauer erzählen will, dass man doch nur die Übermittlungsbestätigung anfordern muss, entgegne ich hier ganz nüchtern: Leck mich! Idiot!
Klappt doch sowieso nicht!
Und deshalb muss man in naher Zukunft womöglich die Übermittlungsbestätigungsanforderung anfordern und danach nochmals bestätigen. Wo soll das enden?
Es ist nur eine Frage der Zeit bis es zum GMMA kommt, zum *Globalen Mobil-Message Anschlag*.
Und dann soll keiner sagen:
»Wie konnte das passieren?« DAS ist dann eine HÄH, eine *H.Ä.H.*, sprich eine *Hirnlos Ätzende Hohlkopf-Frage*

Das Gelbe vom Osterei

Wünsche frohe Ostern.

Wir mögen dieses Fest überhaupt nicht, deshalb haben Regina und ich diese Eierfeier vor vielen, vielen Jahren ei für alle Mal umorganisiert.

Am Samstag wurde Klein-Katharina erst einmal zu ihrer Oma geschickt. Geschickt, was?

Derweil arbeiteten wir eine Eierkarte aus, auf der wir den Garten und die Zimmer zunächst in Planquadrate eitei… (Ich hab's befürchtet: Immer wenn ich etwas über das Osterfest schreibe, werde ich von der Sprache ver-Ei-nahmt.) … einteilten: Damit die Kleine nicht – wie vorletztes Jahr – ein Ei vom vorvorletzten Jahr findet.

Zugegeben: Es hatte im Flur immer nach Chlorwasserstoff gerochen, von April bis März immer ein wenig mehr, aber irgendwann überriecht man das einfach. Na ja, Katharina hatte es dann, mit zwölfmonatiger Verspätung, ja auch gefunden.

Aber dieses Jahr sollte uns so was nicht passieren. Folglich nahmen wir in unsere Eierortungsgrafik noch die dritte Dimension auf. Sie müssen sich das wie ein 3-D-Schachbrett vorstellen. Das große Marzipanei beispielsweise platzierten wir in Plankubik F3, II. Dechiffriert bedeutet das: In der Mitte des Flurs in ein bis zwei Meter Höhe.

Nachdem Katharina spätabends von Oma wieder nach Hause gebracht wurde und mit der fadenscheinigen Begründung, sie wolle dem Osterhasen noch ein paar Karotten zukommen lassen, ins Bett krabbelte, begannen wir gegen Mitternacht, die frischen Eier, die wir wie rohe behandelten, zu kochen. Geknickte Eier hauten wir in die Pfanne und erhöhten unseren Eierspiegel durch Spiegeleier. Vorsichtshalber legten wir vierzig Eier in das heiße Wasser, denn erfahrungsgemäß liegt die Platz-Quote am Karsamstag bei 50 Prozent. Diesmal platzte nicht ein Ei!

Nach dem Färben beendete ich gegen vier Uhr den Morgen mit der Bettlektüre: »Computer für Anfänger«. Prompt träumte ich von der kleinsten Informationseiheit, vom linken und vom rechten Halb-Ei.

Als unsere Tochter osterfröhlich ins Zimmer hüpfte, dachte ich noch im Halbschlaf: ›Eier ausblasen ... Eier aus Blasen ... wie macht man denn Eier aus Blasen?‹ Durch Reginas Ruf: »Eieieieiei!«, wurde ich aus meinen Gedanken gerissen. Sie raste in den Garten, während es meine Aufgabe war, das Kind exakt sieben Minuten

und 18 Sekunden abzulenken: Ich begann mit einem Eiertanz, erklärte umständlich, wie der (Oster-)Hase läuft und zeigte ihr, wie man auf rohen Eiern läuft.
Nun brauste Katharina los, und binnen fünf Minuten hatte sie alles gefunden, sogar einen Weihnachtsmann, den wir gar nicht versteckt hatten. Das'n Ei, was?
Die vierzig farbigen Eier lagen ebenfalls alle im Korb, selbst jene, die wir absichtlich beim Nachbarn versteckt hatten, um unseren Cholesterinspiegel nicht unnötig zu erhöhen.
Tja, und nach dieser Suche haben wir uns gegenseitig zum Eieressen verdottert. Ostermontagmorgen gab es Eierragout, vormittags panierte Rühreier mit Senf-Ei-Soße und mittags Leipziger Eierlei. Ich hatte mir sogar Eier in die Haare geschmiert, soll ja gesund sein.
Dienstagmorgen kam mir in den Sinn, zu fasten, nach dem Motto: Nach Osterfesten Nachoster-Fasten.
An besagtem Tag verdrückte ich alle mir zugeteilten gekochten Eier, zusammen mit dem letzten Schoko- und dem allerletzten Geleeei. Und dann hieß es: Fasten.
Denn: Je mehr man abnehmen möchte, desto fetter soll man anfangen.

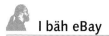 I bäh eBay

Ein Leben ohne Auto kann ich mir vorstellen. Ein Leben ohne Telefon kann ich mir vorstellen. Sogar ein Leben ohne Barbiepuppen kann ich mir vorstellen.
Aber ein Leben ohne eBay? Undenkbar!
Wer's immer noch nicht kennt: eBay ist ein Auktionshaus im Internet. Man kriegt fast alles, was das Herz begehrt oder die Leber oder die Tochter.
Was das Herz nicht begehrt, kriegt man auch. Man braucht es zwar gar nicht, aber wenn man nur lange genug auf der eBay Seite ist, und ergänzend rumgoogelt, und feststellt, dass, sagen wir die Überraschungseierfiguren, die man versehentlich entdeckt hat, recht wertvoll sind, dann bekommt man plötzlich doch Interesse.
Plötzlich fällt einem ein, dass man auf dem Dachboden aus der Ü-Eier-Metallfigurenserie auch zwei hatte, man findet sie, stellt fest, dass sie laut Katalog 120 Euro wert sind.
Was mache ich: Die zwei versteigern? Nein! Die fehlenden acht ersteigern, für schlappe 461 Euro.
Man kann die digitale Auktionswelt in zwei Gruppen teilen: Ersteigerer und Versteigerer.
Ich war erst Ersteigerer und dann Versteigerer!

Als erstes ersteigere ich eine Digitalkamera, damit ich die Objekte, die ich versteigern will, fotografieren kann, damit die potenziellen Kunden sehen, was ich da zu bieten habe, damit sie sehen, dass die von mir angebotenen Gegenstände in Ordnung sind, damit sie eher mitbieten, damit nicht genug:
Damit falle ich auf die Nase; die Kamera ist in einem miserablen Zustand. 151 Euro.
Der Versteigerer hatte sie ganz anders beschrieben, und ein Foto hatte er auch nicht reingesetzt.
Auf meine Nachfrage antwortet Pfirsichteufel37 mir:
»Als ich sie losschickte, war die Kamera wie neu. Die Auktion war selbstverständlich ohne Foto, weil ich ja kein Foto von der Kamera machen kann, mit der ich die Fotos knipse.«
Ich schreib' eine Entschuldigungsmail.
Nun, dann versteigere ich die Kamera weiter.
Ich übernehme den Text des Vorbesitzers, mache alles genauso, mit 1 Euro Startgebot ohne Foto, logisch.
Und ich bekomme 22 Euro.
Und das auch nur, weil der einzige Bieter, cowgirlastrogimmick aus Versehen zweimal die 2 getippt hatte, statt einmal.
Als Erstes denke ich: fairhandeln, als Zweites denke ich: handeln ohne fair!

Als Drittes denke ich: du Versager. – Damit meine ich mich, denn ich bin kein guter Geschäftsmann, glaube ich: Wir einigen uns auf 4 Euro 50.
Die eBay-Welt lässt mich nicht mehr los. Ich erfülle mir sämtliche Kindheitsträume, ersteigere das 60er-Jahre-Batmobil-Spielzeugauto, eine umfangreiche Murmelsammlung, einen Chemiebaukasten, den *Beatles*-Starschnitt, eine umfangreiche Flummisammlung, die *Bezaubernde Jeannie*-Flasche, original abgekaute Fingernägel verschiedener Krimiseriendarsteller mit einem echten Echtheitszertifikat und eine sehr umfangreiche *Baywatch*-Badeanzugsammlung und ein Fußballbildersammelalbum aus dem ersten *Werder*-Meisterschaftsjahr.
Für meine Frau ersteigere ich eine ganz besonders echte rosa *Louis Vuitton*-Handtasche mit passender Geldbörse. Auf Louis Vuitton-Produkten ist immer dieses typische LV-Logo. Das L ist ein C und das V ein U.
Und das rosa ist orange mit einem Hauch mintgrün.
Albino-giggel-polyp2 hat mich reingelegt.
Ich maile es eBay. Sie reagieren sofort. Albinogiggelpolyp2 wird eleminiert.
Wenig später – ich suche gerade nach Prada-Schuhen – fällt mir ein Versteigerer ins Auge: Albanogiggelpolyp2. Ts.

Zu diesem Zeitpunkt sagt mir mein Herz: Du musst mehr ersteigern.

Mein Konto sagt: Du musst mehr versteigern.

Ich suche alles, aber auch wirklich alles aus dem Haus zusammen, was ich nicht mehr benötige, und dann versteigere ich die drei Bierdeckel.

Hab' ich doppelt. Niemand bietet mit.

Ich werde süchtig – eBay-süchtig – ersteigere nicht nur sinnvollen, sondern auch sinnlosen Schrott.

Unser Konto ist vierstellig überzogen und ich habe die Idee: Ich versteiger' mein Minus-Konto. Keiner will es haben.

Ich versuche, die teuer ersteigerten Antiquitäten wieder loszuwerden. Keiner will sie haben.

Meine Frau zieht die Notbremse und setzt meinen PC bei eBay rein.

Mit zitternden Händen betrete ich mein Büro, um mitzubieten. Geht aber nicht, weil ... weil der Computer schon weg ist.

Nordisch angeklettet

Ich bin voll fett. Käse ist das, was ich so gerne mag.
Deshalb habe ich mir vorgenommen, wieder Sport zu treiben.
Nicht irgendeinen, sondern irgendeinen Trendsport.
Und Trendkost dazu.
Hipper Käse und krasse Krakauer und so.
Ich surfe im Internet und denke: ›Surfen, surfen im Internet!‹
Beachvolleyball? Nee, diese knappen Bikinis stehen mir überhaupt nicht.
Snowboarden? Nee, das is' was für Skifahrer.
Golf? Nee, das is was für Weicheier.
Eierlaufen! Nee, das is' keine Trendsportart.
Wasserball! Nee, da werden einem zwar die Genitalien gequetscht, aber man muss Kraft und Muskeln haben und schwimmen können muss man auch.
Nordic Walking? Mit Stöcken und Turnschuhen durch die Gegend rennen? Was für ein beknackter Sport! Das will ich auch machen.
Ein Kollege sagte mal, als er jemanden die Arme weit ausholend Nordic (Walking) laufen sah – aber ohne Sportgerät in den Händen:

»Der hat nicht nur vergessen, dass hier kein Schnee liegt, der hat auch noch vergessen, dass er keine Stöcke hat.«
Also kaufe ich wenig Stöcke für viel Geld. Und spezielle Nordic Walking Polster-Schnell-Lauf-Gelände-Schuhe für 279 Euro. Die werden sich schon was dabei gedacht haben. Und einen besonderen EN-DOUBLE-YOU-(NW)-Trainingsanzug für … für mich.
Der Herdentrieb bringt mich automatisch in den Bürgerpark. Das Outfit stimmt mich traurig, denn ich sehe aus wie der letzte Depp.
Und mein Ziel ist es immer, wenigstens vorletzter zu sein. Egal. Ich seh' zwar aus wie der letzte Depp, dafür sehen die anderen aus wie Trottel.
Jemand hilft mir, die handschuhähnlichen Teile am oberen Ende der Stöcke klettzuverschließen. Und dann klingelt mein Handy, drei Klamottenschichten tiefer.
Ich bin ein notorischer *IchmussunbedingtwissenwerdaanruftMensch*, kann also die festgeklebten sportlichen Gehilfen … äh … Gehhilfen nicht abstreifen.
Schon habe ich zwei Mitwalker leicht und einen schwer verletzt.
›Dabei soll dieses Laufen doch gesund sein‹, denke ich, als ich mich umdrehe und die drei Hobby-Walker am Boden liegen sehe.

Beim Aufhelfen verletze ich zwei weitere Läufer.
Bei der ersten Hilfe sage ich: »Mir sind die Hände gebunden.«
Für alle Beteiligten ist es besser, wenn ich allein Nordic Walke. Und so laufe ich durch den Park.
Meine Kondition nimmt zu und ich ab. Ich laufe anfangs dreieinhalb, maximal zehn ... Sekunden, und nach wenigen Wochen laufe ich ... mehr.
Irgendwann kommt der Punkt, da finde ich die bekloppten Walker gar nicht mehr so bekloppt, sondern normal.
Ja, ich werde von Autofahrern schief angeguckt. Schief! Dann haben DIE ja wohl die Macke.
Ich sage nur: Schneller! Höher! Weiter!
Schneller schlägt mein Herz.
Höher ist die Wahrscheinlichkeit, dass ich einen Infarkt bekomme.
Weiter weiß ich jetzt auch nicht.
Ich Nordic Walke zum Bäcker, zum Imbiss, zur Arbeit, ich nehme die Stöcke mit ins Bett und beim Autofahren lasse ich sie angeklettet.
Ich laufe und laufe und laufe und meine Sinnesorgane wie soll ich sagen: Sie laufen mit!
Dingsda werden frei gesetzt. Endorphine. Ach was:
N hoch drei Dorphine!

Ich gründe den »*Ersten Deutsch-türkischen Nordic Walking Club Bremen*«, kurz »*ED-tNWCB*« und frage Osman, ob er mitlaufen möchte. Er lacht mich an und aus und sagt, er sei kein Mitläufer.

Ich muss den Verein umbenennen in »*Ersten deutsch-türkischen Nordic Walking Club Bremen, dessen einziges Mitglied ich bin.*«

Ich laufe und spüre dieses unbeschreibliche Vibrieren. In meiner Nase steigen besondere, intensive Düfte auf. Ein rhythmisches Puckern dringt über meine Ohren zum Hirn.

Mein Körper beginnt im Lauf zu zittern.

Sind das die Glückshormone, von denen die Freunde der Körperertüchtigung immer schwärmen? Oder ist das der vor mir knatternde überladene Gülle-Trecker? Flatsch, habe ich einen frischen Kuhfladen im Gesicht! Das ist echt ernüchternd. Plötzlich hat man ein fäkales Gesicht. Bäh!

Nur weil man Nordic Walkt.

Mir wird schlagartig klar: Ich muss VOR dem Traktor laufen.

(M)ein Haus im Süden

Ein Häuschen im Süden: Das wollte ich schon immer. Aber früher hatte ich die Finger davon gelassen, weil ich diesen immer wiederkehrenden Alptraum hatte. Ich lasse so ein tolles Immobil bauen, besichtige es und stelle fest: Sie haben es zwar auf das richtige Grundstück gesetzt, aber im Maßstab 1:50.

Irgendwann haben wir dann doch ein Grundstück gekauft, von einem spanischen Bauern, für lächerliche 100.000 Peseten, dachten wir. – Im Vertrag entdeckte ich vor der Zahl dann so ein seltsames Zeichen, eine Art Halbkreis mit zwei kleinen Strichen. Heute weiß ich: Das war das EURO-Zeichen.

Nun, das Grundstück gehört zum Randbezirk von San Francisco, kleiner Ort auf Formentera in Spanien, aber auf der kleinsten Baleareninsel der größte!

Und weil's alles dermaßen teuer war, haben wir beschlossen, selbst zu bauen, in jedem Urlaub.

Ursprünglich wollten wir sogar das Baumaterial aus Deutschland mitnehmen, aber das fand die Charter-Fluggesellschaft irgendwie doof.

Also gut. Haben wir von Bremen aus Steine und Mörtel vom spanischen Festland geordert für Formentera-Süd-

West. Wir sind runtergeflogen, und exakt an unserem letzten Urlaubstag wurde geliefert.

Unsere Recherchen ergaben, dass 93 Prozent der Steine 48 Stunden später nicht mehr da waren, und dass der Insel-Nachbar (aus Köln) mit seiner *Finca 2.000* unerwartet schnell vorankam.

Drei Monate darauf lief es besser. Wir trafen zeitgleich mit den Steinen ein und schafften die Nordwand – sogar mit Fenstern und Klimaanlage, fünf Steckdosen, Antennenanschluss und einer preiswerten Schrankwand. Vorbeifahrende Spanier lächelten uns zu und zeigten den erhobenen Daumen, den sie dann zur Seite drehten. Offensichtlich ein uns bis dahin unbekannter Gruß der Formenterenser, den wir erwiderten. Drei Tage vor Urlaubsende krachte die Wand zusammen und wir verstanden die Daumensprache. Einige Reisen später fiel uns auf, wie viel Haus man für drei Tickets bekam. Also: Wir blieben zuhause und l i e ß e n bauen. Als dann die Telefonkosten mit den einzelnen Firmen die Ticketkosten überstiegen, flogen wir wieder, ließen aber weiter bauen, von einer deutschen Firma natürlich! Zuverlässig, pünktlich, akkurat waren sie nicht, aber es ging voran, berichteten uns Freunde und Bekannte (die wir lange vorher überzeugten, doch mal auf Formentera Urlaub zu machen).

Mit dem Bauunternehmen einigten wir uns darauf, lediglich zu faxen bzw. per Handy und E-Mail in Kontakt zu bleiben. Die Firma schickte uns darüber hinaus jeden Monat ein paar Fotos.

März: Fundament (ich wollte es zwar in hellgrün, aber grau is' auch okay). April: Betonfußboden und Wände. WOW Wände! Und so viele! Mit fenstergroßen Löchern! Mai: Fenster, Doppelglasfenster und Gardinen. HÄH?! Gardinen?! Egal. Juni: Dachstuhl. Ouh! Party. Ein Zimmermann auf den Bildern. RICHTFEST! Und wir waren nicht dabei. Was soll's. Juli: Alles verputzt. August: Das Dach ist fertig und die Haustür (ich wollte sie zwar in pink, aber weiß ist auch okay). September: Wahnsinn. Tapeten an den Wänden! Raufaser im ganzen Haus (ich wollte sie zwar weiß, aber lila-grün kariert is' auch okay).

Oktober: Jetzt aber nicht wie hin! Last Minute-Tickets. 22 Stunden später standen wir auf unserem spanischen Inselgrundstück. Ein bewegender Augenblick, denn das Bauunternehmen hatte offensichtlich immer ein a n d e r e s Haus fotografiert!!!

Wir sahen die Reste der kaputten Nordwand von damals, guckten auf unseren letzten Kontoauszug und dachten: ›Jetzt kann uns nur noch ein Wunder helfen.‹

UND DANN PLÖTZLICH WIRD MEINER FRAU UND MIR KLAR, dass keins kommen wird.

Hire & Fire & Higher

Man kann alles Mögliche lernen, aber ein wirklich wichtiger Studiengang, der fehlt immer noch:
GloSoCoMaBa, sprich: *Global Soccer Coach Management Bachelor.*
Ja, ich weiß, Managementkurse werden viele angeboten, und wenn Mami und Papi eine Firma haben, braucht man auch nicht unbedingt zu studieren, um in den Firmleitungsgenuss zu kommen, aber das meine ich nicht.
Mir geht's um einen bestimmten Berufszweig und um ein in diesem Bereich vorherrschendes Phänomen:
Der Job heißt Trainer, und das Phänomen ist:
Irgendwie, irgendwo kommen diese Typen immer unter, unabhängig davon, wie erfolglos sie waren.
Natürlich ist das nur ein sehr subjektiver Eindruck, aber viele haben ihn.
Und: Aus v i e l Subjektiv wird so e i n Objektiv.
Bevor *GloSoCoMaBa* eingeführt wird, müssen massenhaft Fragen beantwortet werden, Fragen, die sich viele Trainer stellen:
Wie werde ich Trainer?
Wie werde ich dann mittelmäßiger Trainer?

Wie schaffe ich es, eine Top-Mannschaft für mich zu interessieren?
Wie kann ich ihnen einreden, dass ich eigentlich immer erfolgreich bin?
Wer bringt mich in die Schlagzeilen?
Wer holt mich da wieder raus?
Wer bringt mich in die Kneipe?
Wer holt mich da wieder raus?
Wo muss ich jetzt unterschreiben?
Wie viele Millionen bleiben netto?
Wo ist meine Mannschaft?
Wie heißt die Stadt, in der ich jetzt zuhause bin?
Wie komme ich zu Kerner?
Wie gehe ich zu Beckmann?
Wie diskutiert man mit Wontorra?
Wie schweige ich bei Maischberger?
Wie viele Spiele müssen wir gewinnen, um Meister zu werden?
Wie viele Spiele müssen wir verlieren, damit ich abgefunden werde?
Sollte ich Verhandlungen mit einem neuen Verein aufnehmen, obwohl wir andauernd gewinnen?
Wieso trainiert die Mannschaft ohne mich?
Wieso trainiere ich ohne die Mannschaft?
Weshalb sind alle plötzlich so nett zu mir?

Woher komm' ich, wohin geh' ich?
Was stimmt mit den Jungs nicht?
Haben wir wirklich fünfmal in Folge verloren?
Wer ist dafür verantwortlich?
Der Manager? Die Mannschaft? Der Kapitän?
Die Zuschauer? Der Platzwart?
Wieso wissen alle, dass ich den Verein verlassen werde?
Wieso sagt mir keiner was?
Wieso soll ich gehen?
Wieso gehe ich jetzt tatsächlich?
Wieso kriege ich so viel Geld als Abfindung?
Warum haben andere Vereine Interesse an mir?
Wieso zahlen die so viel Schotter? Wieso nicht?
Wo bin ich?
Welches sind die Vereinsfarben?
SV, VFB oder FC?
Wieso verlieren die so hoch?
Was machen die falsch?
Was mach' ich richtig?
Warum jetzt die Scheidung?
Wieso gewinnen die so hoch?
Wer hat an der Uhr gedreht? Ist es wirklich schon so spät?
Was mache ich mal mit meiner nächsten Abfindung?
Und wenn diese Fragen beantwortet sind, können

Dozenten eingekauft, Gastredner eingeladen und Kurse angeboten werden, zum Beispiel:
«Durch Gewinne gewinnen» oder
«Verlieren und dennoch gewinnen» oder
«Die Torschusspanik des Trainers» oder
«Umziehen um umzuziehen» oder
«Abfinden mit Abfindungen».
Nun kann man sich fragen: Warum wird so etwas nicht an Unis gelehrt?
Und: Warum wird so etwas nicht in den Chefetagen großer Konzerne professionell praktiziert?
Nun, die einen sagen: Es wird schon.
Und die anderen widersprechen nicht.

Gähnmanipuliertes Sonein

Also, ich bin soooooooooooo müde. Ich bin gefühlt direkt vom Winterschlaf in die Frühjahrsmüdigkeit geschliddert und hab' es verpennt.
Mir fallen die Augen zu, sobald ich sie aufmache. 99 Prozent meiner Glieder sind schlaff.
Neulich weckt mich eine wildfremde Frau an der Theke, an der Fleischtheke, um genau zu sein. Ich hatte meinen Kopf auf den Glastresen gelegt und den restlichen Körper auch. Das jedenfalls entnehme ich den Äußerungen der anderen Kunden.
Am selben Tag in der Redaktionskonferenz gucken plötzlich alle Kollegen in meine Richtung, weil aus meiner Ecke Schnarchgeräusche kommen. Die hab' ich auch gehört, aber ich wäre nie auf die Idee gekommen, dass sie von mir kommen.
Am Abend hinterm Steuer bin ich wieder eingeschlummert. Glücklicherweise bin ich nicht gefahren. Ich stehe, beziehungsweise mein Wagen steht und ich hänge, hänge über dem Lenkrad und vernehme dumpf das Klopfen an der Windschutzscheibe. Sekunden später erklären mir die Klopfer, dass es keine so gute Idee ist, mitten auf der Überholspur der A 1 zu parken.

Am nächsten Tag nehme ich mir vor, mich zusammenzureißen. Und es klappt. Allerdings lediglich für vier Stunden, aber nicht am Stück. ›Vielleicht ist es ein Signal meines Körpers‹, denke ich, als ich aufwache, um sogleich zu bemerken:
Das Signal kommt nicht von innen, sondern von links außen, es ist die Hupe eines heranrasenden Zugs.
Mit halbgeöffneten Augen bemerke ich den ICE, und schlurfe weiter. Das war knapp. Gut, dass ich zu Fuß unterwegs bin.
Die Müdigkeit nimmt weiter zu. Vielleicht muss ich den versäumten Schlaf der letzten zehn Jahre nachholen.
Die Nichtschlafzeiten werden noch kürzer. Ich träume, dass ich träume, dass ich träume, dass ich träume, dass ich träume, bin also fünf Ebenen unter wach. Dann wache ich auf, wache ich auf, wache ich auf, wache ich auf, wache ich auf.
Ich gähne mich durch die Welt, bin aber immer und immer wieder schlaftrunken, als hätte ich zu viel Alkohol zu mir genommen, hab' ich aber nicht! Meine Gedanken sind vollkommen wirr. In einer solchen Phase denke ich: ›Vielleicht ernähre ich mich falsch. Möglicherweise ist genmanipuliertes Soja Schuld oder gähnmanipuliertes Sonein.‹
Ich kann mich nicht konzentrieren.

In der Apotheke besorge ich mir Vitamin C-Präparate. Ich klatsche mir stündlich Wasser ins Gesicht und wenn mein Kopf auf den Schreibtisch fällt, löst er einen Buzzer aus, der an eine ausgebaute Autohupe angeschlossen ist.

Das macht einen Mordslärm. Ich gewöhne mich auch daran, und schlummere bald auf dem weichen, warmen Gummibuzzer.

Die Nachbarn rufen nach jeder meiner unfreiwilligen Lärmbelästigungen die Polizei. Ich gewöhne mich auch daran, schmiege mich an die Schulter des diensthabenden Uniformierten und beginne zu schnarchen.

Das alles weiß ich nur, weil ich Einblick in die Polizeiberichte erhalte. In einer kurzen SchlafPAUSE wird mir klar, dass ich vor Gericht zu erscheinen habe, wenige Minuten später wird es mir bereits unklar. Ich verschlafe mehrere Termine. In den wenigen sehr kurzen Wachphasen gewinne ich den Eindruck, dass Polizisten mich in den Knast stecken. Ich habe angeblich ja, ANGEBLICH, mehrere Unfälle verursacht, Richter ignoriert, Beamte passiv beleidigt, Bürger belästigt, Tankstellenzechen geprellt und das alles im Schlaf.

In der Zelle habe ich – na was wohl – geschlafen, tief und fest. Und dann bin ich wach geworden, in meinem eigenen Bett. Ich hatte alles nur geträumt, bis auf die

Nummer an der Fleischtheke, die ist wirklich passiert. Und die Story mit der A 1 und die Zuggeschichte und, dass mein Kopf ständig auf den Buzzer fiel und ... und ... und ...

 **Engelschutz**

Noch vor Kurzem war meine Devise: Wenn – wie der Volksmund sagt – Besoffene einen Schutzengel haben, dann muss ich mehr trinken.
War natürlich Quatsch. Wir werden bestimmt ALLE beschutz-engelt.
Trotzdem gibt es da einige Ungereimtheiten:
Wenn ich bei einem Autounfall mit einem blauen Ohr davon komme, der andere Fahrer aber den Sommer im Krankenhaus verbringen muss, ja wo war denn da sein guter Geist?
Ich mein', es wär doch gerecht, wenn alle engelschutzversichert sind oder keiner.
Ich befürchte allerdings, dass die schwebenden Unsichtbaren hinter uns viel menschlicher sind als uns lieb ist.
Wenn ich Engelisch könnte, würde ich meinen Beschützer mal fragen, warum er mich immer stolpern lässt. Da läuft doch was schief.
Entweder hat jeder Engel mit einem Schutzteufelchen zu kämpfen, oder mein Engel nimmt seinen Job nicht ernst.
Vielleicht arbeitet er auch als Teilzeitkraft hinter meinem Rücken.
Kann auch sein, dass unsere himmlischen Schutzbeauftragten gewerkschaftlich organisiert sind und mittler-

weile die 30-Stunden-Woche bei vollem Fronausgleich durchgesetzt haben.

Halte ich nicht für unwahrscheinlich.

Wobei speziell mein Schutzengel sein ... seine Flügel im Schlaf zu verdienen scheint.

Also er beschützt mich, wenn ich schlafe, und sobald ich wach werde, ist er fertig mit der Welt.

Okay, Schutzgeist ist nicht gerade ein Top-Job. Stellen Sie sich vor, Sie müssten den ganzen Tag hinter demselben Menschen her und darauf achten, dass er nicht in der Zugtür hängen bleibt, dass seine Hand nicht vom Reißwolf zerfleischt wird und dass er nicht auf einen Rheumadeckenverkäufer trifft.

Als Vollblutengel muss man seinen Menschen auch mal zum Joggen zwingen, damit er die Frau seines Lebens kennenlernt.

Gleichzeitig muss man nervige Diskussionen mit himmlischen Kollegen führen, die dieselbe Dame für IHREN Menschen als Traumfrau vorgesehen haben.

Jaja, Schutzengel haben es schwer.

Können sich nicht mal aussuchen, wen sie schützen wollen.

Guuuut, auf der anderen Seite können WIR uns auch keinen ENGEL aussuchen; is' auch nich' so doll.

Womöglich ist meiner ja Vegetarier, und ich wunder mich, warum ich so selten in den Genuss eines saftigen Rumpsteaks komme.

Jedenfalls ist mir eines klar: Wenn man vom Menschen auf ihre Schutzengel schließen kann, dann gibt es ein paar ganz tolle Typen aber auch 'ne Menge Töffel, die dermaßen ungeschickt sind, dass sie lieber eine Schwebensversicherung abschließen sollten.

Nein! Jetzt hab' ich's! Tollpatschige Engel mit zwei linken Flügeln haben selbst einen Schutzengel, und die auch haben auch wieder einen.

Mit anderen Worten: Hinter einigen Leuten herrscht ein totales Engelchaos.

Das würde einiges erklären: Wenn ich zum Beispiel oben auf der Rolltreppe das Gleichgewicht verliere, muss – sagen wir – Engel Nummer 9 schützend seine Hände auf 8 legen, DER schützt Nummer 7 und so weiter. Bis ich endlich an der Reihe bin, liege ich längst mit Bänderriss am Rolltreppenende.

30 Jahre Www

Es geht um Mama, Papa, Baby, Aa, Pipi, Puh Puh. Jaja. Die Pampers wird in diesen Tagen 30 Jahre alt. Ach ja, unsere ersten Pampers – kommt mir vor als wär's erst 22 Jahre her – war aber vor 20 Jahren:
Regina ist so was von schwanger, und irgendwie ahnt sie, dass wir bald Windeln brauchen. Vielleicht liegt's an den Wehen. Oder an dem Gesichtsausdruck des Arztes im Krankenhaus. Keine Ahnung. Als ich vom Einkauf zurückkomme, ist Katharina bereits geboren. Sprechen kann sie aber noch nicht.
Zurück zum Einkauf: Bei dem Gedanken an das kommende Baby wird mir ganz windelig. Fragen über Fragen: Wie groß muss die Windel sein? Von welcher Firma? Rosa oder hellblau oder gelb ? Nee, gelb wird sie von alleine. Wie schlage ich eine Windel weich? Wer hat an der Uhr gedreht? Ist es wirklich schon so spät? Gibt es all die Windeln auch preiswert? Wer kann mir helfen? Kann Nathalie mir helfen? Wo ist Nathalies Nummer? Wenn's um die Windel geht, wieso geht sie dann nicht ran? Wie soll sie wissen, dass es um Windeln geht? Wieso geht sie jetzt doch ans Telefon? »Nathalie«, sage ich aufgeregt zu Nathalie. »Du hast

doch schon mal ein Kind gekriegt!« Und Sie entgegnet: »Ja, mit dem bist du ja verheiratet.« Ich sage: »Echt?! – Ach ja. Es geht hier nicht um Kleinigkeiten, es geht um Kinderkacke … Beutel, um Schietbüdel. Welche Windeln werden wir wohl wechseln wollen?« Und sie sagt: »Www«. Und ich denke: ›www? Internet? Das gibt's doch noch gar nicht. Was redet sie denn da?‹ Und dann sagt sie: »Www, das ist das Kürzel für Wegwerfwindel. Pampers.« Und dann sagt sie etwas sehr Bedeutungsschwangeres: »Im Jahr 2008 werden die 35 Jahre alt.« Und ich frage: »Häh? Pampers?« Und sie fragt: »Bist du eigentlich blöde?« Und ich sage: »Ach so, Pampers ... hier ... so ... ja, wie viele brauch' ich denn da. Zwei oder drei?« Und sie: »100.« Und ich: »100? Ich kann mich nicht daran erinnern, von irgendwas schon mal 100 gekauft zu haben.« Sie: »Aber das sind Einwegwindeln, davon braucht ihr täglich sechs bis acht Stück.« Darauf winke ich ihr – was schwachsinnig ist – zu und sage: »Hallo, hallo Nathalie: Wir bekommen EIN Kind, ich buchstabiere E I N.« Darauf gegenbuchstabiert sie: »I D I O T. Dann kauf doch Stoffwindeln.«
Es folgt ein Stoffwindel-gegen-Pampers-Dialog:
Stoffwindeln ... das ist billiger.
Pampers kann jeder Idiot benutzen.
Stoffwindeln wechseln, d... das kann man lernen.
Pampers sind hygienischer.

Stoff ist umweltbewusster.
Pampers geht viel schneller.
Stoff lässt sich besser anpassen.
Pampers sind ganz dicht.
Stoff ist nicht ganz dicht.
Pampers sind praktischer.
Stoff ist unpraktischer. – Shit, shit und noch mal shit. Sie hat gewonnen. Ich hab' freundlich aufgelegt und mmmh 50 Pampers gekauft.
Eine Woche später war dann zu Hause Pamperspremiere. Das erste Wechseln. Puh ... na ja. Was man mit Stoffwindeln macht, kann man ja auch mit Pampers machen. Rein in die Waschmaschine, raus aus der Waschmaschine. Das Ergebnis: gequirlte Scheiße.

Schleimer vs. Speichellecker

Wie verhält man sich einer neuen Chefin gegenüber? Freundlich? Unfreundlich? Unverschämt? Verschämt? Unangepasst? Unnachgiebig? Un... Un... ja! Oder einfach nur Un: irgendwie immer dagegen.

Also ICH versuche, mit dieser ... BLÖDEN SCHNEPFE ... ganz normal umzugehen, vorurteilsfrei.

Meine Kollegen A und B sind da vollkommen anders; nennen wir sie der Einfachheit halber Jens-Peter Laudowitsch und Martin Hansemann-Burmeister.

Die haben schon am ersten Tag – in der ersten Minute – angefangen mit dem Schleimerwettkampf.

Schon vor der Begrüßungsrede der Chefin Gabriela – sie hat der gesamten Belegschaft den Vornamen angeboten – geht Jens-Peter auf sie zu, küsst schlabbernd, sabbernd ihre Hand, fragt, ob er ihr etwas zu trinken holen kann. Sie sagt: »Ja«, und da zieht auch schon Martin an Jens-Peter vorbei ... mit Wasser, Fanta, Popsi ... äh ... Pepsi und Listea im Angebot. Sie entscheidet sich für Wasser. 1:0 für Martin.

Doch da kommt Jens-Peter hervorgepescht, stellt ihr das Mikrofon am Pult ein und an und sagt: »Test, Test, 1, 2, Test, Test, Gabriela, 1, 2, TOLL, 1, 2, Test, Test, ich freu' mich auf Sie, Test, Test.« 1:1

Er, Jens-Peter, führt Gabi – ja, er darf schon Gabi sagen
– mit der Hand die zwei Stufen zum Pult, damit sie
nicht stürzt, vermute ich, aber er stürzt. Tja, was vermute ich denn jetzt? Schiebung? Extra gezogen? Ich
weiß es nicht. Sie fällt jedenfalls in seine Arme; er fängt
sie; sie ist gefangen, wirkt gefangen in ... egal ... sie
fängt sich. 1:2 für Jens-Peter

Gabriela hält jetzt ihre Rede gegen angepasste
Arbeitnehmerinnen und Arbeitnehmer. Martin tritt
aus der Menge der Kollegen hervor und stimmt ihr zu!
Nicht in einem Punkt, nicht in zwei, sondern in ALLEN
Punkten.

Damit hat er den Heuchel-Ausgleich geschafft. Und
mit diesem 2:2 gehen die drei in die wohlverdiente
Mittagspause.

Wieder ist es Martin, der sich schnell in das Herz der
Vorgesetzten schleimen will.

Er trägt ihr Tablett, zahlt ihr Essen, überlässt ihr seinen
Pudding, seinen Vanilleschleim. 3:2 für Martin in der
52. Minute des Kennenlernens.

Sie suchen sich einen Tisch; Gabriela versucht, die
Männer abzuhängen.

Und da kommt Jens-Peter herangesprintet, grätscht
Martin – ohne dass die Chefin es bemerkt – in die
Beine. FOUL FOUL!

Wo bleibt denn der Unparteiische?! Schleimrichter, Eierkopp! Schleimrichter, Eierkopp!!!

Aber das Spiel geht weiter: Sie finden einen Tisch, die Männer überlassen Gabi die lange Tischseite und setzen sich an die gegenüberliegenden Ecken, in gebückter Sitzhaltung ... auf Kinderstühle!

Alles ist ruhig. Da kommt mal ein »Ja« aus der linken Ecke, dann wieder aus der rechten; Peter ist immer noch im Rückstand.

Aber jetzt redet er ihr nach dem Mund.

Also so etwas habe ich noch nicht gesehen und noch nicht gehört:

Sie: »Wir müssen die Redaktion umgestalten.«

Er: »Genau, wir müssen die Redaktion umgestalten.«

Sie: »Weg mit dem Schubladendenken.«

Er: »Ja, weg mit dem Schubladendenken. Beide gleichzeitig:

»Wir brauchen neue Konzepte.« Spielstand: 3:3

Martin sagt zwar währenddessen 17-mal »ja« oder »jawohl« oder »recht so«, und er nickt sich einen Buckel, aber das reicht nicht, und DAS weiß er auch. JETZT bietet sich eine einmalige Chance: Gabriela kleckert! Ein Löffel Pudding, der schon fast in ihrem Mund war, platscht auf den verschmierten Kantinentisch und auf den Fußboden und Martin ... JAAAAH ... Martin

verwandelt den Klacks in der 90. Minute zum 4:3, indem er das Verkleckerte genüsslich aufleckt.
Und damit gebe ich zurück an die angewiderten Funkhäuser.

 **Das WM-Loch**

Blicken Sie jetzt – in diesem Moment – einfach in die Weite und hören Sie mal. Hören Sie. Und was hören Sie? Genau! Nix. Kein Jubeln. Kein Fangeschrei. Kein gar nichts.

Das ist das WM-Loch. Die Fußballweltmeisterschaft gehört der Vergangenheit an. Unsere Jungs sind gegangen, haben den (Robert) Huth genommen, sie sind aus dem (Bernd) Schneider. Kein Lehmann mehr, der echt was Kahn, keine Ballackrobaten mehr.

Meine Frau und ich, wir haben in den letzten vier Wochen für König Fußball Freunden den Laufpass gegeben, extra unbezahlten Urlaub genommen, eine Teilzeitkraft beschäftigt, die mit unserem Hund Gassi geht, das Katzenklo reinigt, uns Bier und andere Mahlzeiten serviert und uns auf dem Sofa und dem Fernsehsessel ab und zu wendet.

Wir waren voll im WM-Fieber, mit WM-Trikot, WM-Unterwasche und WM-Fieberthermometer.

Und plötzlich: Schluss. Wir haben erst so getan, als würde es weitergehen mit der Meisterschaft. Bei ganz normalen Gesprächen haben wir TOOOOORRRRR uns ABSEITS nichts anmerken OOOUUUUHH lassen, aber nachdem wir registriert hatten, dass weder ARD noch ZDF irgendein SCHIEDSRICHTER EIERKOPP Spiel übertragen, merkten wir: An der Sache war was FOUL FOUL … faul.

Dann haben wir ein Bittebittefax an die UEFA geschickt, mit der Bitte, die Weltmeisterschaft nicht alle vier Jahre auszutragen, sondern alle vier Wochen oder wenigstens dafür zu sorgen, dass die Europameisterschaft vorgezogen wird.

Mein Gott, worüber sollen wir uns jetzt unterhalten? Die Fußballsprache ist doch ein Teil von uns geworden. Halbzeit hieß: zur Toilette gehen. Tor war gleichbedeutend mit: für jeden ein Bier. Und Lehmann war ein anderer Ausdruck für: Verhütungsmittel nicht vergessen. (Kann ich jetzt nicht erklären.)

Tja, eigentlich kann ich Ihnen nur sagen, was nichts gebracht hat:

1. Die Spiele noch mal auf DVD gucken – weil's eben nicht live ist.
2. Theaterbesuche – weil man dort dann doch der Einzige ist, der La Ola macht.
3. Selbst zum Fußball greifen und spielen: Das ist genauso sinnlos wie Tischfußball spielen oder eine Eigenurintherapie.

Mmh? Die Lösung? Versuchen Sie einfach, nicht mehr, an Schweini, Poldi und Klose zu denken und an Lehmann, der gerade den Ball gehalten hat, ein Supertorwart, dieser Lehmann, gibt den Ball an Neuville, der geht nach vorne, Flanke zu Borowski, Borowski wieder zu Neuville, Neuville an Ballack, Klose steht genau richtig, kriegt den Ball auf den linken Fuß und SCHIESST und BÖSES FOUL, der Schiedsrichter entscheidet richtig, gelbe Karte, Freistoß, Klose, Schweini, Poldi, Klose, da geht noch was, was macht denn der Odonkor da, dieser Ausnahmefußballer, toll, was für eine Flanke, Doppelpass klappt fantastisch, Neuville sieht den freistehenden Klose und TOR. TOOOOR. TOOOOOOOOOR.

Tor! Tor! Tor!

Baggerseeluft

Ein herrliches Gefühl. Sommer, Sonne, Sonnenbrand ... ja, so 'nen Brand krieg ich immer, wenn ich am Strand liege. Immer auf der Suche nach der Punika-Oase. Bitte? Quatsch, dafür nehme ich doch nicht drei Wochen Urlaub, sondern immer nur gezielt die Sonnentage, und dann fahren wir an den Baggersee.
Ja, keine zehn Kilometer entfernt und riesig. Ich nenn' den immer Stausee, weil ich von dort immer einen Stau seh'.
Da brauch ich keine 2000 Kilometer gen Süden zu düsen; mallorquinische Verhältnisse gibt's an unserem See auch. Nehmen wir mal den letzten Septembersonnentag:
Wir mieten uns zu viert ein Fahrrad, EIN Fahrrad, und radeln so zehn, 20, ach Unsinn, bestimmt 50 Meter an der Strandpromenade entlang und breiten dort unsere Waschlappen aus. Ja, für mehr ist kein Platz.
Ich öl' mich ein, und werde binnen weniger Sekunden durch den angenehmen Wind mit feinem Sand paniert. Stört mich nicht im geringsten, denn Sand hat ja bekanntlich einen hohen Sonnenschutzfaktor. Er schützt auch davor, dass mein sahniges Softeis zu sehr der Sonne ausgesetzt wird und gibt der erfrischenden

Süßspeise eine interessante Knirschkomponente.

Und noch ein Vorteil. Der panierte Ultrakurzurlauber kann seine Sehorgane reiben, ohne gleich Fettaugen zu bekommen.

Heute ist es brütend heiß. Ich will gerade meinen Durst löschen, indem ich eine ganz neue, kühle frische Sonnenmilch trinke. Prompt verschlucke ich mich.

Nun, dieses Versehen ist zu entschuldigen, bei 30 Grad Celsius. Herrn Kelvin wollen wir gar nicht erst fragen. Während Regina in der Sonne liegt und liest, Tochter Katharina großzügig darüber hinwegsieht, dass sie Nichtschwimmerin ist und sich in den undurchsichtigen See stürzt, nein, stürzen will. Wir passen schon auf.

Während also Regina vergeblich versucht zu lesen, Katharina ebenso erfolglos versucht, die Tiefen des schwarzen Minimeeres zu erforschen, kundschafte ich den Baggerseestrand aus.

Geschickt bewege ich mich zwischen den herumliegenden Menschen und trete nur sehr vorsichtig auf Bücher, Brillen und Nasen.

Nachdem ich versehentlich einen Ball wegtrete, der einem Mann mitten ins Gesicht platscht und dafür sorgt, dass der Mann sein Eis unnötig schnell verzehrt, ergreife ich die Flucht.

Ohne dass ich ihn aufgefordert hätte, mir zu folgen, verfolgt mich der Mann. Bei dem folgenden 1000-Meter-Lauf mit beweglichen Hindernissen wird so manches Handtuch zum Sandtuch.

Die Verfolgung hat Folgen, mein Verfolger wird selbst verfolgt, und es kommt zu einem Vervolkslauf.

In letzter Sekunde entschließe ich mich dazu, dem letzten Verfolger, dessen Sandburg-Ordnung empfindlich gestört wurde, hinterherzueilen und erreiche damit einen Kreislauf, der zusammenbricht, nachdem einer der Läufer stehen bleibt.

Ich nutze die allgemeine Verwirrung und mache mich aus dem aufgewirbelten Staub.

Um den Liegenden aus dem Weg zu gehen, umschwimme ich sie.

An unserem Baggerseequadranten angekommen, lege ich mich in die pralle Hitze, und alles ist wie in Griechenland:

Ich bekomme wahnsinnige Kopfschmerzen und der *SommerSonnenKurzurlaubsBaggerseetag* ist dahin, denn die starken schmerzstillenden Dragees wollen nicht helfen, obwohl ich mir alle Viertelstunde damit das Gesicht einreibe.

Den Sparstrumpf auf die hohe Kante legen

Alles wird unverhältnismäßig teuer: Gas, Öl, Souvlaki.
Haben Sie schon Öl bestellt? Nein? Wir auch nicht.
Wir heizen eigentlich mit Öl, aber jetzt ohne. Zu teuer!
4.500 Liter passen in unsere Öltanks.
Jetzt probieren wir's mit Holz. Ich hab' Unmengen von Ästen in die Tanks gestopft – bringt aber gar nichts!
Wir kochen keinen Kaffee mehr, sondern trinken das kalte Leitungswasser einerseits und löffeln das Kaffeepulver andererseits.
Wir haben sämtliche Glühbirnen durch teure Energiesparlampen ersetzt, die wir – um noch mehr zu sparen – gar nicht mehr einschalten.
Wenn sich jemand bereit erklärt, den Hometrainer zu benutzen, können wir Radio hören.
Geduscht wird kalt, die Wäsche liegt derweil unten in der Duschwanne und wird so auch relativ sauber.
Kühlschrank und -truhe haben wir abgeschaltet und verkauft. Lebensmittel kommen in die Kammer.
Ferngesehen wird nur noch mit dem Fernglas beim Nachbarn auf der gegenüberliegenden Straßenseite.
Staubgesaugt wird nicht mehr: mehr Staub, mehr Wärme.

Ohne dass wir es merkten, wurden unsere Betten ein wenig feucht: Heimlich klamm, klammheimlich.

Da wir auch die Spülmaschine nicht mehr benutzen, streuen wir das billige Spülmaschinensalz auf die Betten, denn Salz entzieht ja die Feuchtigkeit.

Die Toilettenspülung benutzen wir nur an jedem geraden Datum. Das war allerdings eine Scheißidee, die wir wieder aufgeben zugunsten einer anderen: Zur Toilette gehen wir nur noch beruflich oder öffentlich. Das spart Wasser und Toilettenpapier.

Den PC haben wir verkauft. Seither sind wir viel glücklicher, wenn wir von neuen Internetviren oder Würmern hören.

Irgendein Idiot hat mal gesagt: »Die wirklich wichtigen Menschen, die haben kein Handy.« Und ich hatte recht. Weg mit den Dingern.

Wer auf sein mobiles Telefon verzichtet, der merkt schnell den Entzug.

Aber nach wenigen Wochen stellt man fest: Es fehlt wirklich. Man vermisst es ganz doll. Man möchte Menschen, die locker und lässig im Restaurant telefonieren, verprügeln. Gut, das wollte ich früher auch, aber aus anderen Gründen.

Dann aber – noch ein paar Wochen später – merkt man: Es geht auch ohne Handy, Bügeleisen, Videorekorder, Cappuccinomaschine, Kettenkarussell, Brotschneidemaschine, Sex-Whirl Pool, Playstation 3, Gefriertruhe.

Ja, ich weiß, es ist ein bisschen ungewöhnlich, dass wir ein Kettenkarussell haben.

Unsere Tiere – zwei Katzen und ein Hund – müssen sich selbst versorgen, die haben lange genug Taschengeld bekommen – jetzt müssen DIE sich mal um UNS kümmern. Wir lassen sie immer erst dann wieder ins Haus, wenn sie uns was zu futtern mitgebracht haben.

Ach so: PKW, nein danke. Erst habe ich mich noch anschieben lassen von Nachbarn und herumlungernden Passanten. Aber nur wenn ich sehr früh aus dem Haus bin, gelang es mir, für kleine Teilstrecken genug Leute zu finden, die mich Stück für Stück Richtung Arbeitsplatz schoben. Relativ schnell sprach sich herum, dass ich gar nicht zünden wollte und der Tank sowieso leer war.

Wir haben den Wagen dann verkauft.

Die Differenz zwischen Kaltmiete und Warmmiete geht gegen Null.

Tja, unser Sparbuchguthaben ist jetzt so hoch wie nie. Und da fragt man sich:

Was macht man mit dem Geld? Es dem Bundesfinanzminister überweisen. Oder Porscheaktien kaufen?

Oder etwas Vernünftiges damit anstellen? Einen Minigolfplatz mitfinanzieren? Weitersparen?
Ach was. Wir heben das Geld jetzt komplett ab und tun das, was wir schon lange nicht mehr gemacht haben: Wir gehen shoppen! Das klingt jetzt bekloppt. Is' es ja auch.

Eine milde (Organ-)Spende

Von Seifenspendern hab' ich ja schon öfter gehört, aber in letzter Zeit ist immer öfter die Rede von Organspendern.
Immer wenn ich dieses Wort höre, denke, ich, dass ein Arzt mit einer überdimensionalen sterilen Spenderdose durch's Krankenhaus läuft und um eine milde Gabe bittet. Is' ja aber ganz anders.
Immer wieder wird über Transplantationen diskutiert. Immer wieder geht's um die Pflicht der Bürgerinnen und Bürger, Organe zu spenden, was die Frage mit sich bringt: Kann man Organspenden steuerlich absetzen? Mir liegt jedenfalls am Herzen, mitzuteilen, dass mir die ganze *LeberHerzundPansenSpendediskussion* an die Nieren geht und auf den Magen schlägt.
Ich habe solange ich denken kann (also seit über drei Jahren) Angst vor einem Krankenhausaufenthalt. Seit ich aber erfahren habe, dass künftig jeder, ja, JEDER, Organe spenden soll, kriege ich bereits Panik, wenn ich lediglich als Besucher in eine Klinik gehe.
Da kommt man mit einem schwachen Herzen in ein Hospital und verlässt es ohne! Da können Sie sich aber gleich begraben lassen.

Oder Ihr Hausarzt lässt Sie einweisen, weil Sie ständig Atembeschwerden haben unk hi wer'en o'he `unge enk'assen.

Ich mein': Und Sie werden ohne Zunge entlassen.

Ich will hier keine Krankenhäuser schlechtmachen, aber mein Tipp: Wenn Ihnen nach einer Operation was fehlt, was Ihrer Meinung nach überhaupt nicht entfernt werden sollte, dann schauen Sie mal, ob Sie einen anderen Patienten finden, der wieder komplett ist.

Es ist nicht mein Bestreben, Verunsicherung zu verbreiten. Trotzdem: In Zukunft wäre ich mit Äußerungen wie: »Ich hab' ein Herz für Kurt Beck«, seeeehr vorsichtig.

Damit komme ich zum politischen Teil: Wieso eigentlich wollen Politiker und Mediziner, dass das einfache Volk Organe spendet, häh? Die Antwort liegt auf der Hand: Eigenbedarf!

Ich finde, die Politiker sollten sich da raushalten. Die setzen doch sonst auch oft auf marktwirtschaftliche Mechanismen: Angebot und Nachfrage bestimmen den Organpreis.

Ach, da fehlt Ihnen die soziale Komponente. Okay, dann schlage ich vor, eine Transplantation mit, mit sagen wir einer Schönheitsoperation zu verknüpfen:

Ich überlasse der Klinik drei Quadratdezimeter Rückenhaut, dafür korrigieren die meine Nase.
Oder: Biete vierteljährlich frisches Knochenmark gegen regelmäßige Gesichtsstraffung.
Ich weiß: In erster Linie geht es um einen spendableren Umgang mit seinen Innereien nach dem Ableben.
Mein Krankenpflegerfreund sagt knallhart: »Alle Menschen müssen ausgeschlachtet werden, falls der Verstorbene es vorher nicht schriftlich verboten hat.« Ich dagegen meine: HINTERHER kann der Tote es wohl schlecht verbieten!
Und was ist, wenn ich nicht wusste, dass ich es hätte verbieten lassen müssen und an eine Reinkarnation glaube, also daran, dass ich als … was weiß ich … als Blauwal wiedergeboren werde? Und die Ärzte haben mir mittlerweile das Hirn rausgerupft oder mich zu einem herzlosen Menschen gemacht? Dann habe ich aber so was von gar nichts von meiner neuen Wahlheimat!
NEIN, NEIN, NEIN ! Um keinen Preis der Welt würde ich irgendeinem Fremden ein Organ spenden (mal abgesehen vom Blinddarmwurmfortsatz). Soviel kann mir keiner bieten.
Sagen wir 40.000 Euro pro Niere plus Mehrwertsteuer?

Der König ist Kunde

Wenn ich schon von einem Verkäufer höre: »Das kann überhaupt nicht sein!« Da krieg ich die Krise! Eigentlich ist doch der Kunde König, behandelt wird er aber wie ein Bettler oder Glöckner.

Da frag' ich im Fachhandel nach dem linken Schuh, und die Verkäuferin bittet mich, in zwei Stunden wiederzukommen. Sie muss ihn erst suchen! Ich bin nicht nur zwei Stunden weggeblieben, sondern ganz.

Die glauben wahrscheinlich *Fachkraft* bedeutet: Mit aller KRAFT dafür sorgen, dass die Schuhe im FACH bleiben.

Oder im CD-Laden – ich mein', die haben mir, KÖNIG Kunde, keinen roten Teppich ausgerollt – das ... das erwarte ich ja schon gar nicht mehr. Da will ich wissen, wie noch gleich die Gruppe heißt, in der Johnny Depp spielte. Und was sagt dieser Kretin? »Das wusste ich auch schon mal.« UND DANN LÄSST ER MICH DA STEHEN! Einfach so! Ohne sich zu verabschieden! Genauso die Wurstverkäuferin! Erst denke ich noch: Die macht einen Knicks, tatsächlich ist sie lediglich beinahe auf ihren Stöckelschuhen ausgerutscht und hat sich gerade noch gefangen (genau wie ich). Und dann legt sie diesen *WollenSieetwavonmirhierbedientwer-*

denundmichdavonabhaltenmirGedankenüberdenSinndesLebenszumachenBlick auf! Für einen Augenblick überlege ich, ob sie durch die vielen Geflügelgerüche zur dummen Gans geworden ist. Vielleicht tue ich ihr auch unrecht, und sie will die Kunden nur vom Kauf abhalten, damit diese auf keinen Fall ungutes Fleisch essen.

In der Knabberabteilung sieht's auch nicht besser aus. Den Handkuss bekomme ich nur, weil ich dem Weißkittel meine fünf Finger direkt auf den Mund drücke. Dann bitte ich ihn höflich, ein paar Pralinen vorzukosten. Warum sollte nicht ein bekloppter Erpresser ein paar Schachteln präpariert haben? Und sei es, um das unfreundliche Supermarktpersonal zu vergiften. Ein Grund mehr, vorkosten zu lassen. Der Mann weigert sich. Ein Grund mehr, anzunehmen, dass manche Lebensmittel tatsächlich nicht in Ordnung sind. Der gleiche Mann pampt mich, der ich König bin, an, weil ich eine Chipstüte geöffnet und ihn gebeten habe, 15 Gramm abzuwiegen.

Ich bin derart traurig, dass ich erstmal meine Tränenvase hervorholen muss.

Ähnlich respektlos geht's im Autohaus zu: Keiner macht einen Diener, keiner einen Knicks, keiner nimmt mir den Purpurmantel ab. Ich sehe den Verkäufern an, dass sie denken: ›Der Typ da mit dem Zepter, der hat sowieso kein Geld für einen nagelneuen Wagen.‹ Ich weiß nicht, wieso die glauben, ich gehöre zum verarmten Konsumadel. Wenn diese Händler im alten Rom Autos verkauft hätten, wären sie geviertelt worden. Oder man hätte ihnen die Hände abgehackt, wenigstens hätte man die Hände geviertelt.

Nun, obwohl es sich um ein sehr großes Autohaus handelt und bestimmt zwölf Leute untätig herumstehen oder -laufen ist nicht einer zu meiner Sänfte gekommen, um mich zu begrüßen. Mir nimmt ja nicht einmal jemand die Krone ab.

Tja, liebe Verkäuferinnen und Verkäufer: Solange Sie mich so bedienen, bzw. nicht bedienen, brauchen Sie gar nicht damit zu rechnen, von mir auch nur einen Goldtaler Trinkgeld zu bekommen.

Betriebsfeier, die (männl.)

Das war doch eine schöne Betriebsfeier. Ging gleich gut los. Ich schlage freundschaftlich auf den Rücken unseres Chefs – bei dem fand die Fete nämlich statt – und da fällt ihm doch das Gebiss ins Sektglas.
Ich versuche, die Situation zu retten, indem ich schnell eine Corega Tabs für die Dritten nachwerfe. Er findet es nicht wirklich witzig.
Ich gehe zum Büffet und veranstalte ein Kaviar- und Austernwettessen mit mir selbst.
Dazu trinke ich etwas; aber nur ein Glas ... immer nur ein Glas: ein Glas Prosecco, ein Glas Sekt, ein Glas Apfelwein, ein Glas Rotwein, ein Glas Weißwein, ein Glas Rosé, ein Saftglas Wodka, 0,3 Bier, 0,4 Champagner, 0,5 Metaxa.
Irgendwann rufe ich: Hey. Stimmung! Senf an die Decke! Sekt ins Klo!
Na ja, wie man das so macht.
Chef und Gastgeber Hinkebrecht findet die Bemerkung ganz amüsant.
Als ich sie in die Tat umsetze und im Wohnzimmer die gesamte Deckenfläche in ein Mostrich-Kunstwerk verwandele, indem ich mit einem Pinsel auf die Jugendstilstühle steige, die auf dem Jugendstiltisch stehen, ja, da

wird er ein bisschen sauer. Aber da muss man auf einer Betriebsfeier auch mal drüber wegsehen.

Danach schütte ich Sekt – wie ja zuvor angekündigt – ins Klo. Nach 14 Flaschen entdeckt mich der Chef und hält mich davon ab.

Dabei hatte ER mich doch da drauf gebracht, als er unter Zeugen sagte: »Wenn man nach jedem zweiten Glas zur Toilette muss, dann kann man den Sekt auch gleich ins Klo kippen.«

Apropos »kippen«: Ich hab' die Kippen ... hier ... äh ... Zigarettenstummel der Kollegen und der Vorgesetzten alle gesammelt und auf die Gefahren von Tabakwaren aufmerksam gemacht, indem ich sie unter den Nachtisch gerührt habe.

Gerührt sind alle von meiner Aktion, denn es verschlägt ihnen die Sprache.

Mit einem Lächeln, dass ich SO von ihnen nicht kenne, fordern Chef und Direktor alle Kollegen auf, doch jetzt weiterzufeiern.

Auch ich komme aus mir raus, und dann kommt ES aus mir raus und zwar über die Speiseröhre.

Ich schaffe es gerade noch bis zum Balkon. Zu spät sehe ich, dass man nicht etwa auf einen dunklen Garten blickt, sondern auf die Tanzfläche, auf der jetzt eine Polonaise lustig ausrutscht.

Das klingt jetzt ziemlich ekelig. Is' es ja auch.

Na ja, für 4,3 Promille habe ich mich – glaube ich – ganz normal benommen.

Die letzten zwei Stunden der Betriebsfeier bin ich total gut drauf, haben mir die Kollegen erzählt.

Und heute morgen komm' ich zum Chef, und da hat der mich doch zwangsversetzt, in die Abteilung *Au W*, sprich *ausgesprochen ernstes Wor*t.

Aber warum?

Etwa weil ich ins Aquarium gepinkelt habe, ohne hinterher zu ziehen?

Oder weil ich auf der vollen Tanzfläche die heimliche Freundin des Direktors – Frau Schlingenseif – zu Boden gerissen hab', um sie von oben bis unten abzuknutschen und dann fröhlich in den Raum zu rufen: »Na Direx, das sieht wohl verhältnismäßig schlecht für Sie aus!«

Is' doch witzig!

Also, wenn sich seine Frau deswegen scheiden lässt, dann war doch schon vorher was nicht in Ordnung!

Was hat meinen Chef verstimmt? Meine Heavy-Metal-Techno-CDs als Walzer-Unterbrechung?

Die Nummer in der Badewanne?

Der fliegende, dampfende Pudel?

Die stimmungsvoll brennende Küche?

Was hab' ich falsch gemacht?
Ich weiß es nicht.
Ich weiß es wirklich nicht!

Meine Torte ist aus

Nach dem Sonntagsspaziergang gehe ich gerne zu einem bestimmten Konditor. Ich will mal keinen Namen nennen, aber die haben die leckersten Torten, die ich mir vorstellen kann, und sie haben meine Lieblingstorte nicht mehr.

In grauer Vorzeit – als ich das Traditionscafé mit diesen schmackhaften Kalorienbomben entdeckte, also vorletztes Jahr – da haben sie ihn bekommen, meinen Mmmmmmmh-Kuchen. Nun, ich will sie nicht weiter auf die Süßwarenfolter spannen: Die kulinarische Köstlichkeit heißt Flockentorte. Ich habe sie genau ein einziges Mal gegessen, damals 2004.

Der Einfachheit halber nummeriere ich die Sonntage der letzten neun Quartale durch:

Der Ablauf war immer der gleiche: Ich betrete das Geschäft und frage nach meinem Kuchen.

Sonntag 1: »Zwei Stücke Flockentorte, bitte.«

»Tut mir leid, aber heute haben wir keine.«

Also nehme ich die Zweitbeste: »Dann zwei Stücke Himmelstorte.«

Sonntag 2 (Wochen später): »Zwei Stücke Flockentorte, bitte.«

»Tut mir leid, aber Flockentorte ist aus.«

Sonntag 3: »Zwei Stücke Flockentorte, bitte.«
»Tut mir leid, die ist alle.«
Und danach wurde dieser Dialog zu einem Ritual, zu einem sehr blöden Ritual.
Ich werde immer von derselben braungebrannten, süffisant lächelnden Dame bedient. Das Gespräch beginnt immer gleich, endet aber immer anders, denn die freundliche Frau hinter dem Tresen begnügt sich nicht damit, mir eine Absage zu erteilen, sie ergänzt auf so unsägliche, unsinnige Weise. Und ich frag' mich, was das soll. Beim ersten Mal ging ich noch schmunzelnd raus, mit Ersatztorte, aber ihre Sprüche wurden immer abstruser:
Sonntag 4: »… aber gestern hatten wir noch welche.«
Häh? Is' die irre? Warum erzählt sie mir, dass ich vor 24 Stunden mehr Glück gehabt hätte?
Sonntag 5: »Oh, das letzte Stück ist gerade weg.«
Interessiert mich nicht, auch wenn 17 Stücke gerade verkauft wurden. Davon habe ICH NICHTS.
Sonntag 6: »Im Herbst haben wir die Flockentorte wieder öfter.«
›Das hilft mir doch JETZT ÜBERHAUPT NICHT, DU BLÖDE KUH‹, denke ich, sage aber freundlich: »Dann zwei Stücke Himmelstorte.«

»Oh, tut mir leid, die haben wir heute leider nicht.«
Ich weiche aus auf Friesentorte.

Sonntag 7: »Warum haben Sie vorher nicht einfach angerufen?«

›ACH, UND WENN ICH VOR EINER STUNDE ANGERUFEN HÄTTE, DANN WÄREN JETZT NOCH ZWEI STÜCKE FÜR MICH DA GEWESEN?‹, geht es mir durch den Kopf, gefolgt von dem Gedanken, ihr Gesicht in Schwarzwälder Kirschtorte zu versenken.

Ich sage: »Ja danke«, und verzichte auf Ausweichkuchen. DIE MACH' ICH FERTIG.

Aber wie. Zunächst einmal sieht alles danach aus, dass SIE MICH fertig macht, weil ihr Konditor die Flockentorte NICHT fertig macht ... oder besser nicht GENUG fertig macht.

Sonntag 8: »Wir haben gestern zwei ganze Torten verkauft.« JETZT WÜRG' ICH SIE, denke ich, aber ich verlasse das altehrwürdige Haus wortlos. Immerhin!

Sonntag 9: Ich werde freundlich begrüßt: »Schön, dass Sie mal wieder reinschauen. Gucken Sie mal, der Bus dort. Das war eine Reisegruppe aus Bochum.«

Ich entgegne: »Ja, schön. Meine Eltern kommen aber aus Essen«, um mir dann anzuhören: »Die haben alle Flockentorte gegessen, und deshalb ist die jetzt alle.«

Die spinnt doch. Das denkt die sich doch aus. Wahrscheinlich hat es nach meinem allerersten Besuch nie wieder Flockentorte in diesem Haus gegeben. Der damalige Konditor ist gestorben und hat das Rezept mit ins Grab genommen.

Sonntag 10: »Oh, das war knapp. Vor drei Minuten.« Wutschnaubend stehe ich an der Glasvitrine. Ich bin relativ ruhig, denn ich kann INNERLICH Wut schnauben. Meine Frau kennt das und kann mich gerade noch davon abhalten, diese böse Zuckerbäckerfachverkäuferin, diesen Teufel in weiß, mit einer handvoll Kuchengabeln anzugreifen und ihr einen Zuckerstreuer ins Auge zu rammen.

Sonntag 11 (etwa zwei Jahre nach meinem ersten Besuch): »Sie kommen wegen der Flockentorte, nicht wahr.«

»Ja«, sage ich leicht gereizt.

»Wären sie doch heute Vormittag gekommen.«

Als würde der Gesundheitsteufel eine böses Spiel mit mir treiben. Ich falle heulend auf die Knie. Regina hab' ich es zu verdanken, dass ich nicht in eine geschlossene Anstalt eingeliefert wurde.

Sonntag 12 (wieder Wochen später): »Zwei Stücke Flockentorte, bitte.«

»Das is' jetzt aber wirklich schade, weil die herumstand, und Sie wissen ja, dass wir nur frischen Kuchen verkaufen …«

»Und?«, frage ich mit großen Augen. »Und da mussten wir die ganze Torte heute Morgen wegschmeißen.«

›ICH BRING SIE UM‹, dachte ich, und ich SAGTE es auch. Und ich TAT es … natürlich nicht. Diesmal konnte meine Frau die Einweisung nicht mehr verhindern. Das Gute: Ich habe hier bereits zwölf Kilo abgenommen. Das Schlechte: Ich komme erst in drei Monaten raus. Das Gute: Die glauben, dass ich dann geheilt bin.

Immer Ärger mit der Post

Ich muss gestehen: Denk ich an die Post, dann rege ich mich auf, und zwar über diese Postbeamten, spricht Tele-Komiker. Für die ist *Aufregung* allerdings ein Fremdwort, und zwar vorsätzlich.

Egal: Ich möchte mich jetzt mal wieder so richtig schön ärgern. Das soll ja jung halten. Danach müsste ich allerdings – so oft wie ich mich über die Post ärgere – wieder im Teeniealter sein.

Trotzdem. Es hat was: Post! Wenn ich das Wort nur lese oder selbst schreibe, könnte ich schon an die Decke gehen. Ich muss mich erst mal verbal etwas abreagieren: TRARA, TRARA, DIE PEST IST DA!

Hach, jetzt geht's mir schon ein bisschen besser. Jedenfalls: Ärgern kann mich besonders ein bestimmter Schalterbeamter. Das Wort sagt doch alles: Schalterbeamter. Das ist wirklich ein Beamter wie ein Schalter: Freitag, 9.00 Uhr, KLICK, eingeschaltet, 18.00 Uhr, KLICK, ausgeschaltet.

Um Punkt 18.00 Uhr will ich ein Carepaket nach Washington schicken. Freundlich winkt mir der Postmann mit der Paketkarte zu, lässt mich aber vor der geschlossenen Anstalt … Tür … Tür, meine ich, stehen. Tags drauf stehe ich um 9.00 Uhr wieder auf der Matte und muss mir von diesem unflexiblen Berufspedanten anhören: »Na, Herr Hammelmann, was war das denn gestern?« Spricht mit mir, als sei ich ein armer Irrer. Let's talk about Schecks: Während ich in normalen Banken den Geldautomaten benutzen kann, muss ich bei der Post ein Scheckformular ausfüllen, um die Chance zu haben, an Bares zu kommen. Da ich mein Konto um 1 Cent (in Worten: ein Cent) über Limit überzogen hatte, war ich vorläufig für Postüberweisungs- und andere Spiele gesperrt. Konkret: Der Schalterbeamte – sich seiner Macht bewusst – nimmt den Scheck entgegen, um die Kontoführung anzurufen. Er greift zum Telefon – nicht in einem Affentempo, sondern eher mit einem schlaffen Tempo oder doch affenartig, wenn man die Faultiere zu den Affen zählt. Wenige Sek… Minuten später wissen sowohl er, ich als auch sie, die dreizehn nachfolgenden Kunden, dass ich keinen müden Euro bekomme.

Aber ich wurde gebührend behandelt, denn für eine Negativanfrage werden einem 2,50 Euro Gebühren vom Konto abgezogen, obgleich das Limit damit ja weiter überschritten wird.

Und dann diese Ruhe. Offen gestanden, ich bin für Doping, für Postlerdoping. Wenn die ebenso freundlich wie ruhig wären, würde ich sagen, dass sich dahinter eine Sekte verbirgt (*Schlaffis Zeugen* oder *Enkel Schwarz-Schillings* oder so).

Na ja, *Post* heißt ja auch NACH; nie geht da etwas VOR. (Zu Hause sagen wir übrigens nicht mehr: »Deine Uhr geht nach«, sondern »Deine Uhr geht Post.« Weiß jeder, was gemeint ist.)

Nee, ein Postbesuch ist für mich das reinste *Realo-MenschärgereDichnichtSpiel*. Hat man neun Leute vor sich, kann man seine nächste Verabredung gleich telefonisch abblasen, das heißt kann man (wenn man kein Handy dabei hat) eben nicht, weil man ja auch zum Telefonieren an der Reihe sein müsste.

Das Ganze wird postalisch gekrönt, wenn der Schaltertäter, also der Beamte, vor meiner Nase das *Nicht besetzt-Schild* aufstellt.

Situationen, in denen ich mich mit geballter Faust in der Jackentasche frage, was das Wort *zuschlagspflichtig* wirklich bedeutet.

So ging es mir auch, als ich mal einen Brief frankieren ließ: Die Dame hinter dem Schalter wiegt den Brief, sagt schmunzelnd: »Genau 20 Gramm«, klebt eine 55 Cent Briefmarke drauf. Statt ihn weiterzuleiten legt sie ihn erneut auf die Waage und erklärt, nun sei der Brief schwerer als 20 Gramm, deshalb müsse sie 35 Cent nachfrankieren. Momente, in denen mir bewusst wird, dass die dicken Glasscheiben weniger vor Räubern schützen als vor geladenen Kunden.

Wie kriege ich denn jetzt den Übergang zu Briefträgern, über die ich zum Schluss herziehen wollte? Ach, das war ja schon einer!

Briefträger, das ist auch wieder so ein trefflicher Ausdruck: Bei unserem sogenannten Postzusteller habe ich nämlich das Gefühl, der wird von Brief zu Brief träger. Hah! Jetzt bin ich wieder so richtig gut drauf.

Reklame Reklamation

Meine sehr verehrten Damen und Herren,
Jever-er es zugeht desto *Becks*-er, ja *Wal-mart* ja sein, dass *Aldi* Jahre was *miniMAL* falsch lief. Aber wer *real* kauft, der sollte reale Werbung *Plus* werbefreie Filme sehen.
Saturn wie doch nicht so, als wüssten wir nicht, wer *Schultheiss*.
Nimm zwei Beispiele: *Du darfst* die Werbeeinnahmen nicht dadurch auf*Storck*en, dass du im *TV-Spielfilm* ohne ersichtlichen *Gong Haribo* oder *Ritter SPORT* zeigst.
Die Krönung wäre, *Melitta*-weise Kaffee zu trinken, und die *5-Minuten-Terrine* bzw. die *Heisse Tasse* immer zu zeigen.
Hansaplast auch mir der Kragen, denn manche Kollegen kapieren *Rei* gar nichts.
Taz-ächlich ist *DIE WELT* und *DIE ZEIT* reif, den Leuten den *SPIEGEL* vorzuhalten, den *FOCUS* auf uns *Alete* zu richten, die heimlich Reklame machen.
Mit *BiFi Land-Liebe* Autos in Krimis versteckt werden. Da müssen Kommissare zu *Fiat Ford* fahren, und dann geht ihnen das *Mercedes Benz*-in aus, und
M.A.N. fragt sich, was macht plötzlich der *Mazda*.

Ich will hier nicht nur auf *BWM* oder *VW* rum*Raider*n,
ich bin auch *Mars*-los unglücklich *überRaschungseier*.
Coca mal an, wie *sprite*-gefächert *Softies* ... also Soft-
Drinks auftauchen: Da braucht man nicht viel *Fanta*-sie.
Oder Handy, versteckt in der Werbung:
Vodafone nichts wissen will, der sagt mir: *Siemens*, Sie blöder.
Ich sage: Was *Ericsson* nicht lernt, lernt *Sony*-mand mehr.
Milka man nichts vormachen.
Damit setzt man *Media Markt*-Gesetze außer Kraft
Jacobs-Suchard habe auch ich kein *Pattex*-Rezept, aber
ich sage: *Lidl* is too much.

Mit *Tempo* sage ich *Danke*

Tort(o)urismus

Sind Sie schon mal mit dem Bus nach Spanien gefahren? Kann ich wirklich empfehlen.

Mit meinem besten Freund buche ich spontan so eine Reise, da wir uns einen Urlaub in der Bundesrepublik nicht leisten können.

Wir sind mit Good-Bill-Tours gereist. 199 Euro für sieben Tage Spanien mit Zweidrittelpension.

Die wichtigsten Utensilien bei so einer Tortur d'Espagne sind neben Taschengeld und Pass eine Decke (gegen die Kälte), ein Kopfkissen (gegen die Fensterscheibe) und ein mp3-Player (gegen die Volksmusik).

Noch bevor sich der Bus in Bewegung setzt, findet die Reise ihren ersten Höhepunkt in der Sitzverteilung.

»37 und 38 sind wir, Sie müssen sich versetzt haben.«

»Hallo, ist das Ihr Nachttopf?«

»Setzen Sie sich wieder.«

»Ich soll mich widersetzen.«

»Auch 'n Schluck Bacardi?«

»Wenn ich den Fahrer zu fassen bekomme, der mir ... «

»JA, BITTE?«

»Würden Sie bitte aufhören, sich an meinem Bart festzuhalten?«

Dann endlich sitzen wir: Oben auf den Plätzen drei und vier.

Da die Sitze sehr sehr dicht hintereinander montiert sind, erübrigt sich das Anschnallen.

12.21 Uhr setzt sich der Omnibus in Bewegung.

Ein letztes Winken.

Regina und die anderen Hinterbliebenen weisen energisch mit dem Zeigefinger auf uns.

Ein Abschiedsritual, das uns fremd ist. Aber na gut. Wir tun es ihnen gleich.

Als der allererste Kaffee gekocht ist, renne ich nach unten, kaufe zwei Tassen und jongliere mit ihnen nach oben.

Das ging voll nicht IN, aber AUF die Hose.

Kaffeeladung zwei fällt einer Vollbremsung zum Opfer.

Heißgetränk Portion drei spritzt auf mein Hemd. Bevor der Schmerz einsetzt denke ich: »Gut, dass die Brühe herzschonend ist.« Shhhhhhhh.

Und beim vierten Versuch sehe ich unglücklicherweise, dass uns ein LKW schneidet.

»Gleich wird unser Fahrer bremsen, und ich habe das heiße Zeug im Gesicht«, denke ich und schütte den Kaffee freiwillig auf den Busboden. Er bremst nicht.

Es dauert nicht lange, da habe ich ein dringendes Bedürfnis.

Zur Toilette nur so viel: Sie ist so klein, dass man eigentlich gut vorbereitet und rückwärts einsteigen sollte.
Nach einigen Stunden bekommen wir Hunger.
Andreas bestellt unten an der Busbar Rinderfilet mit Sauce Hollandaise und Pommes Dauphine.
Tatsächlich teilen wir uns die letzte Bockwurst.
Schmeckt gar nicht schlecht.
Gegen Abend sind alle sehr munter, abgesehen von den Busfahrern.
Andy und ich sind die Ersten, die sich – kurz vor der Nachtruhe – die Schlafanzüge anziehen ... und die Einzigen.
Einige trinken sich noch müde, andere geben sich ein Omnibussi, und ich versuche zu schlafen.
Für einen Moment lehne ich meinen Kopf an irgendeinen Fuß und lerne, dass Hammerzehen auch was für sich haben.
Als ich die Augen wieder öffne, bekomme ich einen Schreck: Mein Sitznachbar zur Linken schwebt langsam nach vorn.
QUATSCH! Ich hab' doch einen Fensterplatz. Links kann keiner sitzen!
Das war ein anderer Doppeldecker.
Wir fahren Scheibe an Scheibe.
Ist unser Fahrer eingenickt?

Ich beruhige mich mit dem Gedanken, dass ja auch der Fahrer des anderen Busses eingeschlafen sein könnte.
Am nächsten Morgen erreichen wir die französisch-spanische Grenze. Der Zollbeamte macht uns darauf aufmerksam, dass die Kofferraumklappe geöffnet ist.
Deshalb die Zeigefinger-Verabschiedung in Bremen.
Nun, die meisten Gepäckstücke sind noch da, als wir in Blanes ankommen, nur (Sie haben richtig vermutet) unsere nicht.
In Spanien verlassen wir den Bus in Sitzhaltung, und so schlafen wir auch die erste Nacht.
Vor dem Zubettgehen, sagt Andy: »Jetzt weiß ich endlich, was Regina meinte, als sie sagte:
»Hauptsache, ihr seid nach der Fahrt nicht bustriert.«

Nachbarliches Unwesen

Der Nachbar zur Rechten des Reihenhauses war seit Jahren nett, unverbindlich nett. Wir haben sein Haus und er hat unser Haus nie von innen gesehen. Er hat meinen Beruf nie verstanden, ich seinen auch nicht. Er fand meine Frau nett, seine Frau fand mich blöd. Wir grüßten uns alle freundlich.
Mal halfen wir den beiden mit Mehl aus, mal halfen sie uns mit Eiern aus.
Es gab sogar Zeiten, da habe ich schneezersetzendes Salz weit über meine Grenzen auf seinen Gehwegteil gestreut – nur so, weil man ja ein normal nachbarschaftliches Verhältnis hatte.
Jetzt ist das Verhältnis immer noch nachbarschaftlich, aber nicht mehr normal.
Alles begann damit, dass vor unserer Tür im Vorgarten ein baumartiges grünes Gewächs, das jahrelang in aller Ruhe an der Nachbarwand hochkletterte, von Herrn Block – so heißt unser Anwohner – entfernt wurde.
Grund: Er wollte das Haus anstreichen, und das Grünzeug war im Weg.
Formal: Okay. Nachbarschaftlich: Nicht okay. Weil er's uns nicht gesagt hat.

Wochenlang warteten wir auf irgendeine Äußerung.
Kam aber nicht.
Unseren Rhododendron hat er auch weggesäbelt, nur um Platz für sein blödes Gerüst zu haben.
Wir Naivlinge glaubten noch Wochen nach Anstrich des Hauses und Abbau des Gerüstes, dass der uns da was Neues hinpflanzt.
Vorne im Garten konnten wir uns nicht revanchieren, deshalb haben wir hinten im Garten seine Birke abgesägt. Das war nicht nett, aber notwendig, weil wir den Balkon renovieren mussten. Jetzt wo wir den Baum plattgemacht hatten.
Herr und Frau Block begannen kurz danach, nachts Klavier zu spielen, laut, sehr laut, direkt hinter unserer Schlafzimmerwand, von Blocks Nachbarn zur anderen Seite angeblich nicht zu hören. Nicht zu glauben, dachten wir: Da haben die Familie Gerber auf ihrer Seite. Die konnten sich doch jahrelang nicht aufs Fell gucken.
Wir haben danach – als Familie Block im Urlaub war – sich schnell vermehrende Insekten mittels eines Laubpusters zu Tausenden über den Briefkastenschlitz in deren Haus befördert.
Sie konterten mit Stinkbomben in anonymen Briefen.
Lächerlich.

Dann ist es ihnen gelungen, unsere Öltanks im Vorgarten anzubohren, sodass wir nicht nur zu den Umweltsündern des Jahres gemacht wurden; wir mussten für teures Geld die Tanks versiegeln und mit Sand füllen lassen und neue Kunststoffbehälter kaufen, die uns jetzt den schönsten Kellerraum versperren.
Damit nicht genug. Als die großen Regengüsse niederprasselten, verstopften sie den Hauptabfluss vor der Kellertreppe zum Garten und setzten unseren Keller unter Wasser. Meine Plattensammlung, unsere Bücher, zwei wertvolle Teppiche: Alles stinkender Schrott.
Wir haben ihnen ein paar Tage später über den Schornstein mit Hilfe eines Plastikröhrensystem einen echt fiesen aggressiven Schimmel zukommen lassen, über Monate: Die haben sich schwarzgeärgert, weil sämtliche Wände bald übersät waren mit diesem natürlichen Dreckzeug.
Dann haben die bei uns Feuer gelegt. Nur durch großes Glück konnten wir es weiterleiten.
Wir hatten bereits nach Blocks Ölbohrungen einen Detektiv eingeschaltet. Er sollte uns keine Zwischenberichte liefern, sondern eine allumfassende amtliche Akte. Der Mann hat ganze Arbeit geleistet. War auch nicht ganz billig.

Aus den Papieren ging eindeutig hervor – also für uns eindeutig – dass Blocks mit den Anschlägen auf unser Haus und damit auf uns nichts zu tun hatten.

Wir sind uns aber sicher, dass die sich keinen Detektiv leisten konnten.

Schnarchen wie ein Neandertaler

Eines Nachts weckt mich meine Frau und sagt:
»Du schnarchst!« Ich entgegne: »Das hast du bestimmt nur geträumt.«
So schnell lasse ich mich nicht verunsichern.
Regina versucht mich zu überführen, indem sie einen Kassettenrekorder neben dem Bett auf Aufnahme stellt. Leider, so sagt sie, hätte ich immer dann angefangen zu sägen, nachdem die Kassette schon durchgelaufen ist.
Unglücklicherweise kommt sie auf die Idee, unser altes Tonbandgerät ins Schlafzimmer zu schleppen. Auf diese Weise wird eine ganze Nacht dokumentiert.
Nachmittags hören wir bis in die nächste Nacht dieses stinklangweilige Band ab.
Ich bin dabei eingeschlafen.
Regina aber nicht!
Als sie eine geräuschvolle Stelle findet, dreht sie voll auf, und ich werde von meinem eigenen Schnarchen unsanft aus dem Schlaf gerissen.
Zwecklos zu leugnen; von diesem Tag an entwickelten wir uns zu Experten in Sachen Ratzen.
Die erste Maßnahme: Nasenöl. Ich möchte es so formulieren: Eher bringe ich meine Ohren mit Haarlack in

Form, als dass dieses ekelhafte Öl mich vom Schnarchen befreit.

Genauso wirkungslos sind Kinnbinden. Die schränken nicht nur das Sprechen im Schlaf unnötig ein, sie tragen auch dazu bei, dass man beim morgendlichen Gähnen einen Gesichtskrampf bekommt.

Wie der Zufall es will, hält ein Privatdozent hier in Bremen einen Fachvortrag.

Dieser Schnarchäologe erklärt gleich zu Beginn, dass seinerzeit der männliche Neandertaler nachts mit diesem schrecklichen Lärm die Raubtiere ferngehalten und damit die Familie geschützt habe.

Das Schnarchen sei quasi eine prähistorische Alarmanlage. Dieser Gedanke gefällt mir.

Regina allerdings raunt mir zu, das sei eine hirnrissige Alarmanlage, die andere Familienmitglieder nicht schlafen lässt.

Da drängt sich der Gedanke auf: Die Raubtiere greifen nur deshalb nicht an, weil das Weibchen noch wach ist.

Später berichtet der Wissenschaftler von einer Frau, die taub wurde, weil ihr Mann so schnarchte.

Das glaubt der ja wohl selbst nicht.

Es gibt Millionen von Schnarchern; da kann man ebenso gut behaupten, dass mal eine Frau vom

Schnarchen ihres Mannes eine Netzhautentzündung bekommen hat.

Danach beglückt der Fachmann die Zuhörer mit den unterschiedlichsten Schnarcharten.

Die sind derart stimulierend, dass nach wenigen Minuten der halbe Saal pennt.

Wir suchen einen Arzt auf. Der steckt mich ins Schlaflabor, muss aber nach drei Nächten aufgeben, weil ich (im Gegensatz zu ihm) kein bisschen schlafe.

Später in der Praxis zeigt er in seinen Rachenraum und sagt (undeutlich): »Gieses Käpfchen nuß enkfernt werdn … und die Weichteile im Gaumen müssen gestrafft werden.«

»Nein«, sage ich, »ich lasse mich nicht operieren, da verzichte ich lieber aufs Schlafen.«

Gegendarstellung

Betrifft: Marathon Pipapo

Sehr geehrte Redaktion,

in dem von Winfried Hammelmann verfassten *Offenen Brief an einen (Sports-)Freund* sind haufenweise Unwahrheiten über mich verbreitet worden.
1. Ich MÖCHTE nicht an dem Bremer Marathon 2006 teilnehmen, ich MUSS. (Hab da 'ne Wette am Laufen, aber das geht Sie gar nichts an.)
2. Weiter hieß es, ich sei vollkommen untrainiert. Das Wort »untrainiert« muss gestrichen werden.
3. Falsch ist auch, dass ich nach üppigem Essen Bier hinterherkippe.
Richtig ist, dass ich es VORHER kippe.
(Nein, dass kommt NICHT aufs Gleiche raus.)
4. Dann stand im Brief: »Du solltest wissen, dass am Straßenrand von Helfern zwar Getränke gereicht werden, aber kein Ouzo.«
Da lag der Autor total falsch: Der Ouzo wird von HelferINNEN gereicht.
(Weiß doch jeder.)

5. Auch der Hinweis, dass ich auf dem Golfplatz ausschließlich am Bildschirm einloche, war nicht ganz korrekt. Richtig ist, dass ich auch im Schwimmbad, beim Pferderennen und auf dem Tennisplatz mit meiner Playstation spiele, meistens Golf, manchmal aber auch Fußball.

Ich baue meine Muskeln – wie es sich für einen Profi gehört – langsam auf ... von den Daumen über die erhobenen Mittelfinger, die Unterarme, die Oberarme, den Brustkorb, die Läufermitte bis zu den Zehenspitzen. Am Anfang steht der Finger, sagte Trainer Daum mal, glaube ich.

6. Winfried Hammelmann zweifelt an meinem Verstand. Das habe ich nicht verstanden.

7. Der Autor bezweifelt, dass Werder im Stadion GUCKEN viele Kalorien verbraucht. Es gibt eine Studie, die belegt, dass Zuschauer im Stadion in eineinhalb Stunden mehr Kalorien verbrauchen als die Spieler auf dem Feld ... also als polnische Spieler ... Ersatzspieler ... auf dem Feld ... auf dem Spargelfeld in fünf Minuten. Aber immerhin.

8. Mein (Sports-)Freund deutete immer wieder an – und zwar mit dem Holzhammer – dass ich mich nicht genug auf den Marathonlauf vorbereite. Ich soll die Ernährung umstellen. Es hat lange gebraucht zu

erkennen: Nicht ICH muss die Ernährung umstellen, sondern die ERNÄHRUNG muss mich umstellen. Das kann nur verstehen, wer so lebt wie ich.

9. Ich weiß, dass Apfelsaftschorle das beste, das schmackhafteste, das edelste Sportlergetränk ist. Warum wohl trinke ich täglich mehrere Fingerhüte davon? Häh?

10. Natürlich werde ich nicht nach 21,1 Kilometer zurücklaufen. Ich bin doch nicht feige.

11. Ja, ich übe den Zieleinlauf. Ja, es geht mir schon nach 14 Metern schlecht. Aber: Nein, ich breche nicht zusammen ... eher: ohne zusammen.

12. Der Wunsch des Autors, mir doch bitte bitte bitte bitte bitte bitte bitte bitte Turnschuhe zu kaufen, erweckt den Eindruck, ich hätte keine. Der eine oder andere Leser wird sogar vermuten, dass ich mit Lackstiefeln laufen möchte. Und das sollte eigentlich mein Geheimnis bleiben, bis zum Start.

13. Fast hätte ich es vergessen: Mein Lauftraining sieht NICHT so aus, dass ich beim Nachbarn auf dem Gepäckträger des Fahrrads mitfahre. Das mache ich völlig losgelöst vom Marathon.

14. Es ist mir auch klar, dass ich die 42,2 Kilometer nicht automatisch schaffe, weil mein Kumpel es durchgehalten hat. Außerdem: Ich habe nicht eine ähnliche

Figur wie er, sondern ich HÄTTE gerne eine ähnliche Figur wie seine Frau. Ja, jetzt is' es raus. Na und. Mir doch egal. Ich mag halt schöne Frauenkörper. Und … und wenn ich selbst so einen hätte, dann wäre ich immer näher … DAS GEHÖRT HIER DOCH ÜBERHAUPT NICHT HIN !

15. Es entspricht nicht der Wahrheit, dass ich erst am Tag vor dem Marathon mit dem Training beginne! Ich fange gleich morgen an … obwohl, da treffe ich mich mit der Kollegin zum Eisbeinessen … ich fange gleich übermorgen an … nee, da spielt Brasilien … dann aber in jedem Fall überübermorgen. Obgleich … da sind im Fernsehen die entscheidenden Regionalmeisterschaften im Murmelspucken in Neuharlingersiel oder so. Mal sehen. Im Juli geht's jedenfalls los – sagen wir nach dem Urlaub … im August.

M.f.G.
Jens v. M.*

* Name von der Redaktion wieder nicht geändert

Über den Autor

Bevor Winfried Hammelmann Anfang der 90er-Jahre als freier Mitarbeiter zu Radio Bremen kam, wurde er 1959 in Bremen geboren, wo er nach dem Besuch der katholischen St.-Johannis-Schule einige Jahre erfolgreich als Bankkaufmann gearbeitet hat.
Schon während seines anschließenden Germanistikstudiums arbeitete Hammelmann für das Radio. Seit 2001 ist er der Kriminalassistent Karlsen im Radio Bremen Tatort; seit 2004 führt Karlsen als Detective Brian Brain ein Doppelleben im Hörfunk. Winfried Hammelmann ist glücklich verheiratet und hat eine erwachsene Tochter.

Schünemann Bücher

Sein Name ist Karlsen. Irgendwie Karlsen.

Tagsüber fällt er den Kollegen auf den Wecker.

Nachts fällt er den Kollegen in den Rücken.

Tagsüber liegt er ganz vorne.

Nachts liegt er daneben.

Tagsüber ist er Kriminalassistent Karlsen.

Nachts ist er **Detective Brian Brain**.

Winfried Hammelmann
**Brian Brain
bricht sich einen ab**
136 Seiten
ISBN 978-3-7961-1899-9

**Im Handel oder unter
www.schuenemann-verlag.de erhältlich!**